Faz um milagre em mim

Universo dos Livros Editora Ltda.
Rua do Bosque, 1589 – Bloco 2 – Conj. 603/606
CEP 01136-001 – Barra Funda – São Paulo/SP
Telefone/Fax: (11) 3392-3336
www.universodoslivros.com.br
e-mail: editor@universodoslivros.com.br
Siga-nos no Twitter: @univdoslivros

REGIS DANESE

Faz um milagre em mim

UNIVERSO DOS **LIVROS**

© **2012 by Universo dos Livros**
Todos os direitos reservados e protegidos
pela Lei 9.610 de 19/02/1998.

Nenhuma parte deste livro, sem autorização prévia por escrito da editora, poderá ser
reproduzida ou transmitida sejam quais
forem os meios empregados: eletrônicos,
mecânicos, fotográficos, gravação ou
quaisquer outros.

1ª edição 2012
2ª reimpressão

Diretor editorial
Luis Matos

Editora-chefe
Marcia Batista

Assistentes editoriais
**Bóris Fatigati
Raíça Augusto
Raquel Nakasone**

Preparação
S4 Editorial

Arte
Karine Barbosa

Capa
Zuleika Iamashita

Fotos
**Marcello Garcia (capa)
Messias Lopes
(caderno de fotos)**

Dados Internacionais de Catalogação na Publicação (CIP)
(Câmara Brasileira do Livro, SP, Brasil)

Faz um milagre em mim / Regis Danese.
São Paulo: Universo dos Livros, 2012.
144 p.
ISBN 978-85-7930-332-6

Religião. 2. Cristianismo. 3. Música. I. Título.

CDD 248.4

Dedicatória

A Deus, meu libertador e salvador, socorro bem presente na angústia, em quem posso confiar e contar meus medos e anseios sem ser julgado ou criticado.

À minha querida mãe, Ziza Danese, minha primeira incentivadora na música; e ao meu Pai Oto Silveira, que sempre foi um exemplo de homem, caráter e lealdade.

À minha esposa Kelly Danese, meu amor e meu apoio, que acreditou e enxergou as promessas de Deus na minha vida quando eu queria desistir e não tinha a mesma visão que ela do Reino.

Aos meus filhos, que me ensinam a enxergar a vida de várias formas. Brunno Danese e Brenda Danese são presentes de Deus.

Agradecimentos

Ao meu Pastor Conselheiro Josemar Freitas (*in memorian*), que sempre me aconselhou nas minhas dificuldades e dúvidas.

Ao amigo Vandinho, por ter sido um exemplo de servo de Deus, por ter me mostrado o caminho que leva a Deus, e ser um dos responsáveis por tudo que Deus tem feito na minha vida.

Aos meus intercessores e amigos Joselito e família, Luiz Carlos e Vanessa, Odair e Eliana, Dr. Flavio e Micheli, Dr. Rômulo e família, Carlos e família, Messias, Sandro e Gisele e Mary Eliane. Ao amigo Andrey Jr. que, na hora da aflição, orou e jejuou na minha casa, junto comigo. Aos amigos mais chegados que irmãos, Wellington e Flávia, e aos novos amigos frutos de oração, Fábio e Sandra.

Ao amigo Paulinho, por sempre estar pronto para me ajudar, independentemente de qualquer coisa.

À minha assessora Núbia, que lutou contra o tempo para que este livro saísse mesmo diante da minha vida corrida.

À Marcia Batista, a idealizadora deste projeto.

Ao meu Pastor Jorge Linhares e a todos os colegas e amigos que deram seus depoimentos com tanto carinho.

Ao Pastor Silas Malafaia, pelo precioso tempo dedicado ao prefácio deste livro.

Aos milhares de intercessores e igrejas que oraram e jejuaram pela vida da Brenda e a toda mídia que me apoiou nesse momento tão difícil.

Deus restitua a todos de uma forma especial.

Sumário

Prefácio do pastor Silas Malafaia 11

1. O milagre e a cura 15

2. Infância e adolescência no mundo da música 19

3. De volta à terra natal: o início de uma trajetória 27

4. Deus todo-poderoso, capaz de mudar as leis 35

5. Provações e propósitos com Deus 43

6. A lição do perdão 51

7. A glória da segunda casa traz a prosperidade 61

8. "Faz um milagre em mim" 69

9. Adorando Jesus em rede nacional 83

10. A força de Brendinha 89

11. O sonho e as armas 97

12. A família é um presente de Deus 105

13. Amizade, uma dádiva do Senhor 111

14. A importância de levar a palavra de
Deus aos programas de TV 121

15. A cura a cada dia nos braços do Senhor 125

Linha do tempo 137

Prefácio

Quem não conhece a música *Faz um milagre em mim*, de Regis Danese? Essa canção estourou nas paradas de sucesso em 2009 e ultrapassou os limites físicos dos templos evangélicos. Tocou em rádios e na televisão interpretada não apenas por seu compositor, mas também por vocalistas de grupos de pagode e duplas sertanejas brasileiras. Dessa forma, milhares de pessoas que nunca leram a Bíblia e não conheciam a história do encontro de Jesus com Zaqueu puderam ter suas vidas mudadas por Cristo e orar em forma de canção:

> *Entra na minha casa,*
> *entra na minha vida,*
> *mexe com minha estrutura,*
> *sara todas as feridas.*
>
> *Me ensina a ter santidade,*
> *quero amar somente a Ti.*
> *Porque o Senhor é meu bem maior.*
> *Faz um milagre em mim.*

Tenho certeza de que Deus ouviu a oração de muitas dessas pessoas e começou a trabalhar no sentido de libertar, curar, salvar e mudar suas vidas – assim como um dia Ele mudou Zaqueu e os amigos deste que foram à sua casa no dia em que Jesus disse que convinha estar lá e trazer salvação.

Eu quis começar falando sobre o sucesso dessa canção porque este livro, que tenho a honra de prefaciar, tem o mesmo título impactante. Tanto a música como o livro são um convite para Deus agir, fazer um milagre tão grande em nosso interior de modo que todos os que estiverem à nossa volta sejam abençoados. E é uma amostra disso o que vemos nesta obra autobiográfica de Regis Danese, em que ele relata como era sua vida antes de receber Cristo e como ela tem sido transformada desde então.

É preciso coragem para compartilhar certas declarações que Regis reproduz no livro. Como quando conta que, antes de receber Jesus em sua vida, ele tinha tudo o que queria, mas dentro dele havia angústia por um vazio na alma que nada material era capaz de preencher. Ou a declaração de que suas canções falavam de amor, mas ele vivia o oposto disso. Contudo, acredito que reconhecer seu estado e sua necessidade de Deus foi o que possibilitou a Regis ter experiências profundas com o Senhor e contemplar os milagres narrados neste relato. Além de tornar-se um canal de bênção para outros.

Ao ler este livro, acredito que você irá se emocionar com as histórias de Regis e de sua trajetória. Terá um vislumbre da relação entre a letra das canções e o momento em que ele as compôs. Entenderá que a salvação é um processo longo de libertação, cura e restauração que Deus, por intermédio de Jesus e do Espírito Santo, opera no ser humano que se rende aos Seus amorosos cuidados. Perceberá que o Senhor é um Deus vivo e verdadeiro que fala com o homem e chama-o para Si, não poupando esforços para resgatar os perdidos, libertar os cativos, trazer socorro e consolo aos aflitos e restaurar a vida daqueles que o adoram em espírito e em verdade e querem estar com Ele para sempre.

Meu desejo é que, ao terminar sua leitura, você possa crer, assim como o Regis, que, ainda que esteja vivenciando uma situação difícil, cuja solução até lhe pareça impossível, Deus o ama e tem todo o poder para transformar essa adversidade em uma oportunidade de salvação para você, sua família, seus amigos e seus vizinhos, de modo que tudo contribua para o seu bem – como está registrado em Romanos (8, 28).

Ouça a voz de Deus chamando-o para uma aliança, um relacionamento pessoal e estreito com Ele, e veja sua vida transformada para melhor em todos os aspectos. Clame ao Senhor: "Entra na minha casa. Faz um milagre em mim!". O Altíssimo quer operar de modo a tornar você um milagre, uma prova viva de que Ele é o mesmo ontem, hoje e eternamente!

Um forte abraço,
PASTOR SILAS MALAFAIA

1

O milagre e a cura

Eu preciso de Ti, oh Pai!
Sou pequeno demais,
me dá a Tua Paz,
largo tudo pra te seguir.

Entra na minha casa,
entra na minha vida,
mexe com minha estrutura,
sara todas as feridas.

Versos da música "Faz um milagre em mim", gravada
no CD Compromisso, de Regis Danese, que vendeu
mais de 1 milhão de cópias e chegou ao topo das
paradas de sucesso em rádios seculares

Eu me chamo João Geraldo Danese Silveira, mas adotei o nome artístico de Regis Danese no finzinho da década de 1980, quando estava com 16 para 17 anos, pouco antes de gravar meu primeiro disco, em 1990, por uma grande gravadora da época, a BMG Ariola, como integrante da dupla sertaneja Regis & Raí.

Depois, entre 1995 e 1999, fiz parte do grupo de pagode Só Pra Contrariar, o famoso SPC. Mas o que mudou mesmo a minha vida foi a sede da palavra de Deus, que me levou à conversão ao evangelho, um divisor de águas na minha vida, logo nos primeiros raios da aurora do século XXI.

Fiz música sertaneja e samba, mas cheguei ao gospel por um chamado de Deus. Quando esse chamado surge, não adianta fugir, fingir que não escutou, pois Ele vai insistir e continuar chamando até que você escute.

Uma mensagem que posso deixar a todos os que ouvem a minha música ou leem este livro é a seguinte: nunca desista do seu sonho.

Todos nós conhecemos pessoas que lançam palavras contrárias à de Deus, que disseminam o desânimo, que tentam nos fazer pensar que estamos no caminho errado... Mas não devemos dar ouvidos, porque a última palavra é a do Senhor. E Deus, quando fala, cumpre suas promessas.

Eu vivo essa situação de confiar plenamente na palavra de Deus. Minha filha, que nasceu em março de 2009, está em tratamento contra a leucemia e os médicos dizem que ainda deve durar de dois a três anos. Mas, para o meu Deus, o médico dos médicos, o tratamento pode acabar hoje mesmo. Eu vivo essa fé, porque sei que a última palavra é a do Senhor.

〜

O diagnóstico da leucemia foi feito em janeiro de 2012 nos Estados Unidos, durante uma viagem à Disney. Fui com minha esposa Kelly e nossos dois filhos, Brunno, de 13 anos, e Brenda, então com 2 anos e 10 meses. Quando a levamos ao hospital, a equipe médica chegou a afirmar que, se esperássemos mais um dia para o atendimento de urgência, minha filha poderia não ter sobrevivido.

No dia em que se sentiu mal, antes de ser levada ao hospital, ela já havia dito: "*Tô* podre, mas não vou morrer. Eu não vou morrer".

Brendinha é uma profeta de Deus. Foi Ele quem usou sua boquinha para revelar que ela estava doente. E foi Ele quem garantiu que minha filha não iria morrer. Eu sei que a cura ocorre depois de um tempo de tratamento, mas o milagre é imediato. E eu vivo o milagre de Deus, que salvou minha filha da morte nos Estados Unidos.

No dia da viagem de volta, Brendinha disse: "Jesus me curou! Jesus me curou! Jesus segurou minha mão!". E, quando já estava sentada dentro do avião, acrescentou: "Mamãe, Jesus me curou. Mas eu ainda vou ter de tomar mais um pouquinho de injeção". Ela se referia aos procedimentos médicos que teriam de ser feitos no Brasil.

Desde 2011, minha família mora em Belo Horizonte, mas eu também aluguei um apartamento em São Paulo, onde a Brendinha continua a fazer seu tratamento. Antes, porém, de continuar essa história que me marcou tão profundamente, é melhor seguir a cronologia dos acontecimentos da minha vida, que teve início na pequena cidade mineira onde nasci, em 1973.

2
Infância e adolescência no mundo da música

Andando eu no meio da angústia, Tu me reviverás;
estenderás a Tua mão contra a ira dos meus inimigos,
e a Tua destra me salvará.

O Senhor aperfeiçoará o que me toca;
a Tua benignidade, ó Senhor, dura para sempre;
não desampares as obras das Tuas mãos.

Salmos (138, 7-8)

Para início de conversa, quero dizer que meu caráter e minha honestidade não são frutos da conversão ao evangelho, mas sim valores que trago de berço. Esses dois valores, os que mais prezo, são resultado do exemplo que tive em casa, das lições de vida que aprendi com meu pai Oto. Por isso, acredito que o que é meu, é meu; assim como o que é dos outros pertence aos outros. No dia a dia, a gente vê muitas pessoas que se dizem evangélicas fazendo coisas erradas. Mas, na verdade, isso só acontece porque elas ainda não se converteram verdadeiramente.

O meu tempo de criança foi completamente diferente da realidade em que vivem os meus filhos. Nasci em 1973 na cidade de Passos, no interior de Minas Gerais, de onde saí aos 15 anos para começar minha carreira musical. Lá, desde bem pequeno, eu sempre andava sozinho por todo o bairro. Hoje, não tem jeito de deixar a garotada fazer isso. Nem mesmo em Passos. Antes, não havia esse negócio de drogas, de sequestro e tantas coisas ruins. Tudo era bem mais tranquilo.

Hoje, as crianças podem ter de tudo, mas falta a elas a liberdade para brincar feito criança... Lembro que, quando moleque, eu queria muito ganhar uma motoquinha de presente. Era demais, tinha um "rabão" de foguete, e eu ficava sonhando e me imaginando em cima dela... Mas não ganhei, porque meu pai não tinha condição financeira para comprar aquele presente. Eu queria sim a tal motoquinha, mas pensa que isso me impediu de me divertir muito durante toda a infância? Que nada! Não fez a menor falta, porque eu tinha muito com que brincar. Eu não saía da rua. Era brincadeira que não acabava mais. Pique, esconde-esconde, carrinho de rolimã, perna de pau, arquinho e flechas de bambu... Brincava feito criança de verdade, pulando muro e andando descalço... Foi uma infância de criança pobre, mas minha vida era muito gostosa, amparada pelo amor dos meus pais.

Bom exemplo

Eu nasci em uma família humilde, que vivia de maneira simples. Lembro bem da casa onde a gente morava, na Rua Paraná (era uma rua de terra). Meu pai sempre ganhou pouco. Foi retireiro de leite, no tempo em que a ordenha da vaca era feita manualmente na roça, e passou por diferentes profissões e vários ofícios. Trabalhou, por exemplo, na usina açucareira de Passos, em obras com a montagem de muros pré-fabricados e também foi guarda-noturno.

Certa vez, quando estava sem emprego, ele não teve dúvida: foi vender picolé na rua. A nossa situação financeira piorou, mas ele manteve seu comportamento retilíneo e fez o que pôde para sustentar sua família. E que honestidade! Se comprava alguma coisa na padaria ou na mercearia e lhe voltavam troco a mais, ele devolvia o que tinha recebido indevidamente; podia ser apenas dez centavos ou vinte reais, se aquele dinheiro não lhe pertencia, ele devolvia.

São exemplos como esse, que tive dentro de casa, que chamaram minha atenção e que hoje pratico em minha vida e passo para os meus filhos.

Mas nem assim me livrei de fazer coisas erradas quando criança, porque, na rua, a gente brinca e se diverte, mas também encontra maus exemplos e más influências. Aos 8 anos de idade, eu tinha uma amiguinha mais velha, de 13 anos, que morava em uma casa vizinha à nossa. Certo dia, ela me chamou para furtar pirulitos na venda do Dilson Braz, na mesma rua em que a gente morava. Eu tinha medo (sabia que era errado!), mas ela acabou me convencendo, e lá fomos nós... Entramos na venda, pegamos os doces, escondemos nos bolsos e saímos sem pagar. Lembro que depois, longe da venda, chupei o pirulito Bolete e até achei gostoso. Como tinha sido muito fácil, repetimos a façanha mais de uma vez, até que o Dilson descobriu e foi contar para o meu pai. Nesse dia, quando cheguei em casa, levei uma bronca enorme. E, em seguida, ele me deu o dinheiro para pagar os doces e mandou eu ir até a venda e repetir exatamente isso para o Dilson: "Olha, vim aqui pagar os pirulitos que roubei". Aquilo foi a maior vergonha que passei na vida, mas serviu de lição e me ensinou a ter caráter.

Quem lê essa história pode achar bobagem e até pensar: "Besteira, coisa de criança". Mas acredito que, se meu pai não tivesse apontado o erro e me levado a reconhecer a burrada que eu tinha feito, inclusive me obrigando a corrigir essa falha à custa de muita vergonha, será que eu teria aprendido tão bem a respeitar o que é do próximo?

Melodia da vida

Minha mãe conta que eu comecei a cantar antes mesmo de falar. Ela diz que eu solfejava o "Parabéns a você" afinadinho.

A música sempre esteve presente na minha família. Quando estava grávida de mim, minha mãe cantava no conjunto do meu tio Geraldinho. Ele sempre foi o melhor músico da família, um excelente guitarrista e violonista, que seguiu a carreira de professor e atualmente dá aulas em Ribeirão Preto. A banda que ele tinha na época se chamava Peter's Sons.

Desde criancinha, eu cantava no colo do meu tio ou no do baixista Pedro Marcos, que também tocava no grupo e me segurava na altura do microfone para eu poder cantar. Raimundo Baldino foi outro tio, por parte do meu bisavô, que me incentivou a seguir a carreira musical. Sempre gostei demais de estar ali no meio dos músicos. Eu queria ficar o tempo todo mexendo com música. Uma vez, com três anos de idade, me apresentei em um show para divulgar a candidatura de um político chamado Zé Reis, e até gravei uma chamadinha para ele: "Zé Reis, 76, ó o seu apoio" (tem coisas que ficam gravadas na memória de um jeito que a gente não esquece).

Uma dor e um trauma

Quando eu tinha 1 ano e 4 meses, minha irmã Tânia me empurrou do chiqueirinho e eu quebrei a perna. Na cidade, não tinha um ortopedista. Quem acabou engessando minha perna foi um ginecologista. Ele engessou errado e fui levado para Belo Horizonte. Lá, quem cuidou de mim foi o dr. Neilon Lasmar, médico da seleção brasileira.

Em 1976, perdi um irmão, o Otinho, que faleceu aos oito anos de idade. Na época, eu tinha só três anos. O acidente aconteceu quando ele estava brincando de cavalo do Zorro, correndo com um pedaço de pau de marcenaria, que bateu no meio-fio e furou sua artéria femoral. Ele entrou em casa todo ensanguentado e foi levado para Ribeirão Preto, mas não resistiu ao ferimento. Isso ficou na minha cabeça e no meu coração de um jeito que eu mesmo não me dava conta.

Esse trauma foi se revelando em outros momentos da minha infância. Aos oito anos, eu tinha uma cachorrinha que minha mãe acabou doando para outra pessoa. Lembro direitinho que chorei muito e lamentava: "Ai, minha cachorrinha". Mas, na verdade, eu chorava por causa do meu irmão. Chorava de saudades dele.

Hoje, somos em três irmãos. A Tânia, que continua morando em Passos, é a mais velha, e o Daniel, o mais novo.

Festivais de música e programas de calouro

Foi também com oito anos que comecei a tocar violão e passei a concorrer nos festivais promovidos pela minha escola. Um dia, aos dez anos, quando fui me apresentar no show do apresentador Barros de Alencar, o conjunto começou a tocar errado, em um ritmo 4 por 4. Meu tio, que estava com minha mãe na plateia, virou-se para ela e disse: "Se ele entrar nesse ritmo não vai dar certo, vai ficar tudo esquisito". Mas, em vez de entrar no ritmo errado, eu parei a banda e falei: "É assim, assim, assim". Era 3 por 4. Os músicos fizeram uma cara de surpresa e, depois, começaram a tocar certo. E eu ganhei o primeiro lugar. O Barros de Alencar até queria me levar para fazer uma apresentação em São Paulo, mas meu pai não deixou, porque eu era muito novinho.

Teve também a vez que o Chacrinha realizou seu show de calouros na minha cidade, e lá estava eu, cantando no Chacrinha!

O tempo passou e comecei a cantar em dupla com a minha mãe. Participamos de um festival no Carmo do Rio Claro, em Minas Gerais, e ficamos em quarto lugar. O troféu de vencedor foi para a dupla Mano e Maninho, de quem pouca gente ouviu falar. Mas Rio Negro & Solimões, que depois se tornaria uma dupla sertaneja de renome no Brasil, também estavam na competição, e não ganharam. É... a vida é assim.

Um dia, lá em Passos, minha mãe e eu fizemos uma apresentação no restaurante do Minas Palace Hotel. Um rapaz viu, gostou e, depois de um tempo, passou lá em casa para falar com a minha família, pois ele queria montar uma dupla sertaneja comigo.

Esse rapaz era o Aloisio Maziero, que me levou para Mococa, no interior de São Paulo, quando eu tinha quinze anos. A dupla, que então se chamava João Geraldo e Maziero, chegou a gravar um disco independente, mas, como o nome não ajudava, mudamos para Regis & Raí. Aí a coisa foi para a frente e, em 1990, com 17 anos de idade, assinei o primeiro contrato profissional, com a multinacional

BMG/Ariola, que hoje é a Sony Music. O disco, gravado em São Paulo, abriu as portas para a nossa dupla aparecer na televisão. Fizemos apresentações no programa do Gugu e também no *Clube do Bolinha* – que ficou no ar durante vinte anos (de 1974 a 1994), na TV Bandeirantes.

A diferença de idade entre nós foi um dos motivos para o fim da dupla. O Raí, sete anos mais velho que eu, tinha mentalidade de adulto, já eu era um molecão, que vivia sempre brincando.

Com o fim da dupla, saí de Mococa e fui para São Paulo. Fui morar na casa do empresário Alexandre Gibson com o Luiz Cláudio, que era um dos meus parceiros de composição e um grande amigo de Uberlândia. Nessa época, durante os anos de 1992 e 1993, comecei a tocar na noite paulistana, praticamente em troca de comida. O dinheiro era contado: só dava para almoçar ou para jantar. Fazia apresentações em três, quatro casas de shows todos os dias. Para cumprir essa maratona musical que virava a madrugada, eu deitava ao meio-dia e acordava às 23h.

3

De volta à terra natal: o início de uma trajetória

Senhor, ouve a minha oração, e chegue a Ti o meu clamor.
Não escondas de mim o Teu rosto no dia da minha
angústia, inclina para mim os Teus ouvidos;
no dia em que eu clamar, ouve-me depressa.
Porque os meus dias se consomem como a fumaça (...)

Salmos (102, 1-3)

Minha tentativa de ganhar a vida em São Paulo deu em nada. Em 1994, como as coisas foram ficando cada vez piores por lá, meu empresário Alexandre Gibson disse que era melhor me levar para Uberlândia. De início, não me animei... Mas, como não tinha outra opção, aceitei. Já em Uberlândia, meu empresário me arrumou um parceiro, o Eder, para formar uma dupla musical chamada Regis & Eder, e fazer o circuito de barzinhos, ali mesmo na própria cidade e também na região de Ribeirão Preto. O que não me empolgou nem um pouco, porque eu já estava saturado de dupla sertaneja, não queria mais continuar com aquilo.

Mais ou menos nessa mesma época, o Alexandre Pires começou a estourar nas paradas de sucessos com o grupo de pagode Só Pra Contrariar, aparecendo em vários programas de televisão. Eu já o havia conhecido pessoalmente quando, ainda na dupla Regis & Raí, me apresentei no Coliseu, uma casa de shows de Uberlândia.

"Te amar sem medo", meu primeiro sucesso no mundo secular

Um dia, quando eu estava na Center Lanches, uma lanchonete de Uberlândia que era ponto de encontro da juventude da cidade e onde eu sempre encontrava algum conhecido, aconteceu uma sincronicidade que, contando, nem parece verdade, mas aconteceu. Eu lá, tomando uma vitamina com sorvete de morango, pensei: "Pôxa, como seria legal ver o Alexandre Pires aqui...". Aí, olhei para trás e dei de cara com ele. Surpreso e, ao mesmo tempo, contente com a situação tão oportuna, eu disse: "Alexandre! Que bom te encontrar aqui. Parabéns pelo sucesso...".

Foi um encontro ótimo. Ficamos conversando, falando da vida e, entre outras coisas, eu disse que gostaria de lhe mostrar minhas composições. Na verdade, eu não tinha nenhuma música que casasse com o estilo dele, mas joguei a ideia, apostando naquela oportunidade, porque, no fundo, eu sabia que havia alguma razão para aquele encontro "casual", se é que se pode dizer isso. Alguma coisa dentro de mim me dizia que não era por acaso que o Alexandre Pires estava ali, de repente, conversando comigo... Então, pelo sim, pelo não, eu tinha de ao menos tentar agarrar a oportunidade. Aí, se a coisa ia dar certo ou não era outra história, mas eu tinha de tentar...

Depois de me despedir do Alexandre Pires, fui direto para a casa do Eder, com quem eu morava na época, e peguei o violão, que, justamente naquele dia, só tinha quatro cordas, porque duas haviam arrebentado. Mesmo assim, em dez minutos, escrevi "Te amar sem medo" e corri até a casa do Alexandre, que ainda estava fora. Assim que ele chegou, cantei minha composição e mal contive a emoção quando ele deu pulos no ar, dizendo: "É a música que eu quero, é a música que eu quero!".

Com o primeiro sucesso, veio o primeiro carro

Compor "Te amar sem medo" inaugurou uma nova fase na minha vida. Como ia incluir a música no próximo disco do Só Pra Contrariar, a editora Warner/Chappell me fez um adiantamento, suficiente para comprar uma Brasília meio batida. Eu sempre fui doidinho para ter um carro, e fiquei tão contente que viajava a bordo da minha Brasília de Uberlândia para Passos, parando no meio do caminho para apreciar a paisagem, numa felicidade intensa. Curti demais aquele primeiro carrinho. Com o dinheiro desse adiantamento, também gravei um disco da dupla Regis & Eder.

Mas minha alegria foi ameaçada quando fiquei sabendo que a música não iria entrar no disco. Fiquei apavorado e falei para o pessoal da editora: "E agora? Isso não pode acontecer, porque já peguei o dinheiro e gastei". Em seguida, liguei para o Alexandre Pires, pois tinha de contar a ele que não teria como devolver o adiantamento. Porém, ao ouvir tal história, ele falou que seria mais fácil trocar o produtor do que tirar minha música do disco.

Compondo músicas para mais de 1 milhão de cópias

No terceiro CD do Só Pra Contrariar, eu emplaquei cinco músicas de minha autoria, e o Alexandre me chamou para ajudar a fazer a produção musical. Eu cantarolava os arranjos durante as gravações, lá no primeiro estúdio dele (hoje, ele tem um bem maior). Dessas cinco músicas, três foram de trabalho: "Nosso sonho não é ilusão" e "Nunca mais te machucar", para as quais também fiz os arranjos, "na boca" mesmo, além de "Samba não tem fronteiras". Ao todo, foram 13 canções minhas para o Só Pra Contrariar.

Mas minha carreira de compositor no meio secular foi além do Só Pra Contrariar, pois também compus para outros artistas famosos na época e que são sucesso até hoje. "Pra falar a verdade", que eu fiz para o cantor Daniel, vendeu 1 milhão de discos. E "Eternamente", gravada pelo Belo, também superou a marca de 1 milhão de cópias. O Belo até ligou na minha casa para me agradecer, dizendo que tinha sido a música com a qual mais ganhou dinheiro na vida, ainda mais quando virou tema de novela.[*]

Fiz canções também para Leandro & Leonardo, Sorriso Maroto, Gian & Giovani, Cristian & Ralf, Elimar Santos e Alcione, entre outros. Nunca fui de produzir centenas de músicas. Fazia poucas, mas todas eram de trabalho. Por não ter uma produção em série, eu era obrigado a escolher para quem ia mandar meu material. Mas a fama das minhas

---

[*] "Eternamente", gravada por Belo, foi tema de abertura da novela *Vidas cruzadas*, produzida pela Rede Record e exibida de novembro de 2000 a abril de 2001.

composições corria, e o pessoal chegava na editora falando "Quero música do Regis Danese".

Para compor, eu aprendi muito com o Peninha, com quem fiz algumas parcerias, incluindo "Nosso sonho não é ilusão" e "Pra falar a verdade". Ele faz o difícil parecer fácil, escreve coisas profundas de maneira simples, sabe usar o tom coloquial e o linguajar que a gente adota no cotidiano, mas com palavras bonitas. O Peninha foi uma verdadeira escola para mim e, a partir dessa convivência, fiquei mais exigente com a minha produção, lapidando melhor os versos.

Casamento escondido

Conheci a Kelly, com quem estou casado há quinze anos, ao fazer uma participação junto com o Raí no CD que ela estava gravando em São Paulo, em 1991. O convite surgiu por intermédio do meu empresário; ele me falou que uma menina queria a nossa participação em uma música sertaneja.

Após esse dia de gravação no estúdio, perdemos o contato, que só foi retomado quando me mudei para Uberlândia. Eu queria conversar com ela, mas a minha timidez atrapalhava. Até que apareceu o momento certo e, de maneira natural, fizemos amizade e começamos a sair em companhia de amigos em comum.

A partir desse convívio, nasceu um carinho muito especial e, com vontade de ficar mais tempo ao seu lado, comecei a frequentar a casa dela. Surgiu uma afeição recíproca, que deu início ao nosso namoro e, depois, veio o noivado.

Quando a pedi em casamento, impus uma condição: "Para casar comigo, você terá de parar de cantar".

Aquilo foi um baque para ela, mas eu não queria de jeito nenhum que ela continuasse sua carreira de cantora, porque eu já ganhava o suficiente para sustentar nós dois e cobrir as nossas despesas só com o meu trabalho. Com tudo acertado, marcamos a data do casamento, mas, na última hora, ameacei desistir, ainda me enganando com a história de que "vida de solteiro é legal". Logo descobri, porém, que não poderia viver sem ela. Reatamos, após um novo encontro, e casamos escondidos, no civil, em 1997. Como já havíamos dado entrada nos papéis, com as assinaturas dos pais, foi só arranjar as testemunhas no próprio cartório. Promovi uma festa surpresa, chamando apenas os amigos mais íntimos.

Bagunça no ar

Quando o Só Pra Contrariar fez um show na França, durante a Copa do Mundo de 1998, nós viajamos para lá no mesmo avião da Varig que levou a Seleção Brasileira. Fiz muita bagunça a bordo, não deixei ninguém dormir e todo mundo ria, mesmo as pessoas que não eram do meu grupo de amigos. Só que o comissário de bordo não gostou e ficou muito bravo comigo...

A apresentação no estádio Parc de France foi bem bacana. Era em comemoração aos 500 anos do Brasil e foi transmitida pela Rede Globo. Teve participação da Ivete Sangalo, Sandy & Júnior, Leandro & Leonardo, Zezé de Camargo & Luciano, entre outros. Como eu não queria ficar longe de casa por mais tempo, liguei para a Kelly, que estava no final da gravidez do nosso primeiro filho, o Brunninho, e disse: "Quero ir embora para o Brasil, e vou voltar já". Em seguida, consegui antecipar minha passagem e fui para o aeroporto sozinho, enquanto o Vandinho Domingues e o Vicente, que também faziam backing vocal do grupo, tentavam remarcar suas passagens de volta. Ao entrar no avião, encontrei o mesmo comissário da vinda, que me deu uma dura e desafiou: "Ah! Agora, quero ver se você sozinho é capaz de fazer tanta bagunça". Sem jeito e meio constrangido com aquela cena, fiquei amuadinho, até que, de repente, o Vandinho entrou com o Vicente no avião. Aí, não deu outra, eu pintei e bordei.

Pouco tempo depois da Copa de 1998, enfrentei outro problema na hora de viajar com o Só Pra Contrariar para um show em Luanda, porque haviam falsificado os cartões de vacinação, sem os quais o grupo não poderia tocar em Angola.

Como, para entrar em Luanda, eu deveria ter tomado uma dúzia de vacinas que, na verdade, não tomei, fiquei morrendo de medo de pegar algum tipo de doença e falei: "O quê? Eu é que não vou correr esse risco". Liguei para minha esposa, com o Brunninho recém-nascido, para avisar que não ia mais embarcar e que já estava voltando para casa. Então, fui conversar com o Alexandre Pires: "Não leva a mal, mas meu filho acabou de nascer e não vou viajar". O Alexandre ficou tentando me convencer, dizendo que não teríamos nenhum problema e, quando percebi, já estava dentro do avião.

Após o desembarque em Luanda, fiz o show e não saí mais do hotel, nem um minuto sequer. No quarto, comecei a cantar uma música que eu tinha feito e mostrei para o Vandinho, que se tornou um grande amigo e foi o responsável pela minha conversão ao evangelho (como eu conto no próximo capítulo). Eu disse: "Olha, Vandinho, que legal minha música nova: Eu amo Jesus Cristo/ eu amo/ Ele que me ensinou a amar".

Era Deus, que já estava me inspirando mesmo antes de eu me converter, e o Vandinho, depois de sair do Só Pra Contrariar, gravou essa música em seu CD.

Uma casa para os pais

Quando comecei a ganhar dinheiro, comprei uma casa para os meus pais morarem em Uberlândia comigo, mas, como a minha mãe não quis se mudar de Passos, dei uma casa para eles na cidade em que nasci – onde tenho grandes amigos até hoje – e, sempre que dá, volto até lá para visitá-los.

Na época, aproveitando a boa fase financeira, cheguei até a dizer ao meu pai que ele poderia parar de trabalhar, pois eu o bancaria. Então, quando ele, por fim, falou que precisava se aposentar, eu disse que pagaria sua aposentadoria: "Agora, sou eu que vou ajudar você. Não se preocupe com nada".

Como eu já disse, meu pai sempre foi um homem muito honesto, trabalhador, mas estava na idade de descansar e aproveitar a vida; então, por conta da minha nova condição, pude proporcionar isso a ele. Sempre honrei meu pai e minha mãe, além de seguir tudo o que eles me ensinaram, e foi assim que as coisas deram certo para mim.

4

Deus todo-poderoso, capaz de mudar as leis

Esperei com paciência no SENHOR,
e ele se inclinou para mim, e ouviu o meu clamor.
Tirou-me dum lago horrível, dum charco de lodo,
pôs os meus pés sobre uma rocha, firmou os meus passos.
E pôs um novo cântico na minha boca,
um hino ao nosso Deus (...)

Salmos (40, 1-3)

Quem me evangelizou foi o Vandinho Domingues, que era ministro de louvor da Igreja Quadrangular de Uberlândia. Eu o conheci na época em que participei do Só Pra Contrariar. Ele está sempre ao meu lado, apoiando e orando, principalmente neste momento tão difícil pelo qual estamos passando com a enfermidade da Brendinha.

Sei que foi obra de Deus o envio de um de seus servos a um grupo de pagode para falar de Jesus e, assim, ter meu casamento com a Kelly restaurado, quando parecia não ter mais solução. Depois, o pastor Josemar Freitas me discipulou, e eu continuo a me alimentar da palavra de Deus. Na verdade, a gente se converte mais a cada dia que passa e, com

Deus ensinando, muda uma coisinha aqui e mais outra ali. Sempre crescendo para a glória do Senhor.

O Vandinho estreou no Só Pra Contrariar na virada de 1997 para 1998, no show de réveillon realizado na Avenida Paulista, em São Paulo, e transmitido pela TV Bandeirantes. Desde aquele dia, percebi que ele não era apenas mais um músico a tocar com a gente, mas alguém que fazia a diferença no grupo.

Ele saiu do Só Pra Contrariar pouco antes de mim e, durante sua última temporada com o SPC, lembro-me de que o Alexandre Pires pedia-lhe que fizesse uma oração antes de subir ao palco. Todo mundo participava dessa oração; a gente se dava as mãos e o pastor Vandinho orava.

Nessa época, eu enfrentava uma crise no meu relacionamento com a Kelly, e tenho convicção de que foi a palavra de Deus que operou em mim e me fez abrir os olhos e enxergar o abismo em que cairia se deixasse meu casamento terminar.

Quando falamos em crise conjugal, as pessoas logo pensam em problemas graves entre o homem e a mulher, mas, no nosso caso, a crise que quase me separou da Kelly foi provocada por ciúme sem fundamento de minha parte. Eu era muito ciumento. Viajava muito com o grupo de pagode, curtindo uma praia, fazendo muita coisa errada e, justamente por esse exemplo, achava que as outras pessoas eram iguais a mim. Por ciúmes, prendia minha esposa em casa e ficava ligando para ela de cinco em cinco minutos. Isso desgastou nosso relacionamento. Até que chegamos em um acordo: "Não tem mais jeito. É melhor nos separarmos". Demorou um pouco, mas a ficha caiu e percebi que estava a um passo de perder minha família. Enquanto tomava consciência de que nosso relacionamento estava por um fio, Kelly e eu conversamos muito. Depois, juntos, fizemos a conversão na Igreja Sara Nossa Terra de Passos.

Conversão e batismo nas águas

A minha conversão também ocorreu por causa de um grave problema familiar, quando meu casamento estava praticamente destruído. Um dia, Kelly e eu fomos na casa do Vandinho, e ele nos convidou para visitar o pastor Josemar Freitas, que acabou se tornando meu grande amigo e conselheiro – e, infelizmente, faleceu em 2010. No começo, eu não queria ir, mas, como a mulher sábia edifica a sua casa, minha esposa foi, e o pastor profetizou: "Não se preocupe, não; seu marido ainda virá aqui, e ele será um grande homem de Deus".

Passado algum tempo, depois de começar a frequentar a casa do pastor Josemar, que sempre tinha uma palavra de sabedoria para ajudar os irmãos, minha esposa me chamou para visitar uma igreja evangélica. Fomos à Igreja Sara Nossa Terra, em Passos. Nos sentamos numa das últimas fileiras e, quando o culto estava terminando, o pastor fez o apelo: "Quem aqui, nesta noite, quer entregar sua vida pra Jesus? Para Ele mudar aquilo que precisa ser mudado, arrancar o que precisa ser arrancado e consertar tudo aquilo que precisa ser consertado?".

Então, Kelly e eu nos levantamos, seguimos até a frente da igreja e aceitamos o Senhor Jesus como o único e suficiente salvador das nossas vidas. Naquela hora, imediatamente o nosso casamento foi restaurado. De volta a Uberlândia, onde morávamos, nós dois passamos a congregar na Igreja Evangélica Fraternidade de Deus (presidida pelo Pastor Dorival Fernandes) a convite do amigo Ronaldo e, depois de quatro meses estudando a palavra, fomos batizados nas águas.

Testemunho de fé

Dei um testemunho contando toda a história da minha conversão no DVD *Faz um milagre em mim*, lançado em 2009, gravado ao vivo, com a participação de mais de 8 mil pessoas. Mas vale a pena repetir aqui, nas páginas deste livro.

Fui resgatado por esse Deus maravilhoso quando trabalhei durante cinco anos com o Só Pra Contrariar, como backing vocal. Fui compositor de vários sucessos musicais do SPC, do Daniel, de Leandro & Leonardo, do Belo, de muita gente de grande reconhecimento pelo público e pela mídia. Eu falava de amor nas minhas composições, escrevia sobre o amor, mas vivia o oposto disso tudo.

Quando ia viajar com o grupo, eu praticamente trancava minha esposa em casa, e não a deixava sair nem para ir na casa da mãe. E, pior que isso, eu também não permitia que a mãe dela fosse à nossa casa. E isso foi desgastando nosso relacionamento. Certa noite, quando a gente estava em Natal, no Rio Grande do Norte, um dos backing vocals do Só Pra Contrariar deixou o grupo. Então, mais ou menos às duas horas da madrugada, ligamos para o Vandinho, convidando-o para ocupar essa vaga. Mas ele não se mostrou empolgado com o convite e apenas disse: "Vou pensar".

A gente comentou: "Como alguém não aceita imediatamente uma oportunidade tão boa, num grupo de renome que faz mais de vinte shows por mês?! Esse rapaz está louco".

Demorou mais de uma semana, talvez dez dias, e o Alexandre Pires já queria arrumar outra pessoa. Mas, quando nós ligamos novamente para o Vandinho, por desencargo de consciência, ele aceitou o convite.

A equipe era muito grande. A gente viajava com mais de 60 pessoas, incluindo técnicos de palco, de cenário e de luz. Só no palco, eram 17 músicos. Nos hotéis, ficavam dois em cada quarto, e, na primeira viagem que fizemos com o Vandinho, foi justamente ele quem ficou no quarto comigo.

O Vandinho era muito diferente dos outros membros do grupo. Quando terminava o show, eu falava pra ele: "Olha as meninas, vamos lá". Mas ele afirmava: "Vai lá você, vou ficar aqui". Eu insistia: "Vamos lá". Mas ele dizia que não: "Vou tomar meu suco, meu refrigerante... Vai você, eu estou bem assim". Com o passar do tempo, descobri que foi o próprio Deus quem enviou um de seus servos para o Só Pra Contrariar, para ficar ali comigo, num quarto de hotel.

Naquela época, o Vandinho deixou seu ministério na Igreja Quadrangular de Uberlândia e foi para o Só Pra Contrariar. Alguns membros da igreja falaram que ele tinha caído, que tinha se desviado, pois ninguém sabia que ele estava na direção do Espírito Santo. E, sem saber, as pessoas na igreja dele comentavam que ele se desviara da palavra do Senhor. Eu, porém, digo a você: se, naquela hora, quando ligamos pela primeira vez, ele aceitasse o convite movido por sua própria vontade, se ele tivesse "enchido os olhos" com a possibilidade de cantar no Só Pra Contrariar, falo com convicção, ele teria caído. Mas ele demorou uma semana, dez dias, para dar a resposta. E não ficou esse tempo todo pensando, não. O Vandinho demorou pra responder, mas foi porque ficou orando e jejuando com o seu pastor, que o abençoou e falou: "Meu irmão, vai lá que é de Deus esse negócio".

Alívio após o desabafo

Em uma tarde muito fria, durante um show do SPC, a gente estava em São José dos Campos. O Vandinho deitado na cama dele e eu, na minha. Já sabendo que ele era um homem de Deus, desabafei:

– Vandinho, eu vejo que você passa por tantos problemas e dificuldades, mas está sempre sorrindo, cantando, alegre, feliz. Então, me conta o segredo...

Ele respondeu:

– *Rejão*, isso é Jesus na minha vida.

Em seguida, eu disse:

– Quero esse Jesus pra mim também! Como é que eu faço? Tenho tudo o que quero, materialmente falando, mas existe um vazio, uma angústia dentro de mim que nada é capaz de preencher.

Contei a ele que estava me separando da minha esposa, que já havia contratado advogado e até tinha pago adiantado. Fui contando tudo... Disse que estava tudo prontinho para o divórcio, e que só faltava a gente se sentar na frente do juiz para assinar a separação. E fui falando, falando, falando... Quando terminei, Vandinho olhou bem dentro dos meus olhos e disse assim:

– *Rejão*, existe um Deus que pode mudar as leis. Ainda que você e a sua esposa se sentem lá na frente do juiz e assinem toda a papelada do divórcio, com advogado, testemunha e tudo conforme manda a lei, eu te digo que o Deus que eu sirvo pode mudar essa situação. Pode mudar a sua vida.

O poder do louvor

Nossa amizade foi crescendo, e Vandinho me contou como ele se tornou ministro de louvor ao se converter ao evangelho, citando em uma de nossas conversas o caso do rei Davi.

E quando o espírito mau da parte de Deus vinha sobre Saul,
Davi tomava a harpa e tocava com suas mãos;
e Saul tinha alívio e ficava melhor,
e o espírito mau se afastava dele.

(1 Samuel 16, 23)

A música tem um poder imenso, por isso, o louvor liberta. Davi, quando pegava sua harpa, expulsava o demônio que desesperava Saul. Com apenas um toque da harpa, o demônio que estava em Saul saía. E é exatamente isso o que se vê quando a gente canta o louvor nos cultos: o mal foge da vida das pessoas.

Em meados de 1993, Dinarte Junior, irmão mais velho do Vandinho Domingues, passou perto de uma Igreja Quadrangular e entrou lá completamente doidão, porque tinha acabado de cheirar cocaína. Passou na calçada, ouviu o louvor e foi tocado pela música de Deus. Ele entrou alucinado, do jeito que estava e, naquela noite, Deus o libertou das drogas. E foi aí que o Vandinho falou: "Espera aí, eu também quero servir esse Deus".

5

Provações e propósitos com Deus

Ele nos salvou e continuará a nos salvar desses terríveis
perigos de morte. Sim, nós temos posto Nele a nossa esperança,
na certeza de que Ele continuará a nos salvar (...)
Deus responderá às muitas orações feitas em nosso favor e nos abençoará;
e muitos lhe agradecerão as bênçãos que Ele nos dará.

2 Coríntios (1, 10-11)

Uma consequência natural, depois que saí do Só Pra Contrariar e parei de compor para outros artistas, foi o início da queda no meu padrão financeiro. Eu me converti em meados de 2000. Foi a partir desse ano que passei a frequentar a igreja. Gostava de participar dos cultos, mas não queria mais gravar discos, de jeito nenhum. Naquela época, disse à minha esposa que gostaria de montar um negócio próprio, e acabei abrindo uma firma de bombas injetoras, em Passos. Foi um fracasso: gastei mais de 300 mil reais, ainda fruto do meu trabalho de sucesso no meio secular, e perdi tudo em menos de seis meses.

Como em uma estrada de duas mãos, enquanto a situação financeira seguia direto para o buraco, os valores espirituais apontavam para uma elevação interior. Após ser batizado nas águas e fazer meu voto de confirmação da entrega para Jesus, eu queria converter meu pai Oto, minha mãe Ziza e meu irmão Daniel, todo mundo na marra. E vivia repetindo: "Vocês têm que ir para a igreja, porque é bom demais".

Enquanto tentava agir só com a minha própria força, porém, nada acontecia. Aí, eu me lembrei do Vandinho... No tempo do Só Pra Contrariar, ele nunca ficava ditando regras; não era o tipo de pessoa que, ao ver a gente se excedendo em alguma coisa, fazia comentários, como "Se você continuar pecando, bebendo e se prostituindo, vai pro inferno", nem dizendo que é proibido fazer isso ou aquilo. Em vez disso, o pastor Vandinho pregava com o seu próprio testemunho, porque quem convence não somos nós, mas o Espírito Santo de Deus.

Eu queria converter minha família. Então, para conseguir meu intento, pensei: "Tenho que dar o exemplo". E passei a fazer orações em casa e campanhas na igreja. Às sextas-feiras, eu me levantava de manhã e abria o jejum, que durava até as quatro ou cinco horas da manhã seguinte, quando era entregue na hora que chegava do monte[*]. Cumpri isso durante sete sextas-feiras, porque firmei um propósito com Deus, colocando duas prioridades: a primeira era ver a mãe da minha tia Olane, mulher do meu tio Geraldinho, ser curada de câncer; e a segunda era a salvação da minha casa.

---

[*] "Monte" é a definição para um lugar no meio do mato, tranquilo e deserto, sem comunicação com o mundo exterior, adequado para fazer orações e vigília.

Uma história de possessão

Desde o dia em que aceitei Jesus, começaram a surgir as provações na minha vida.

Como eu queria converter minha família toda, o diabo começou a usar a vida do meu irmão Daniel para atazanar a nossa casa... Movido pelo maligno, Daniel passou a ensinar meu filho Brunno a lutar, se tornou pirracento, briguento e discutia com todo mundo o tempo todo, além de irritar minha avó.

Depois de muitos conflitos com meu irmão, tomei uma decisão e disse: "Ah, é? Você está muito galhudinho e, por isso, não vai mais pegar o carro que eu dei para minha mãe".

O Daniel, na verdade, era quem mais usava o carro, e saber que não ia mais poder aproveitá-lo o deixou possesso. Ele foi para o quarto bufando. Quando a coisa apertou, e meu irmão parecia totalmente fora de controle, possuído mesmo, eu chamei a polícia (mas era só para dar um susto nele, como um tratamento de choque).

E a polícia veio... Seis policiais se juntaram para segurar o Daniel, que estava endemoniado. Só conseguiram contê-lo e algemá-lo após muito esforço. Eu fiquei quietinho no meu canto, mas também acabei sendo algemado. Colocaram ele num lado do camburão e eu no outro. Daniel murmurava: "Oh, meu Deus". E eu virei para ele e disse: "Agora você fala em Deus, né?!".

Mas o que era para ser uma simples lição para o Daniel acabou gerando um problema maior por conta da ação de policiais despreparados. Até pensei em abrir um processo contra eles, mas deixei para lá. A verdade é que, depois de passar um tempinho na delegacia, nós dois fomos liberados.

Conheci o Joselito Garcia, presbítero da Igreja Presbiteriana, que depois se tornou um grande parceiro em meus discos, na mesma época em que eu fazia campanha de oração para a salvação dos meus familiares.

Neste dia, ele foi na minha casa orar pelo Daniel, que se encontrava dominado por uma legião de demônios. Meu irmão só grunhia, e o Joselito dizia: "Você confessa Jesus?". E Daniel reagia, vociferando: "Não".

Confissão de fé
Está na Bíblia que a pessoa, se não confessa Jesus em carne, está sob influência do espírito maligno, porque o diabo nunca confessa. Confessar Jesus como o Cristo significa proclamar que cremos que Ele é o ungido que os profetas do Velho Testamento tinham profetizado. A palavra Cristo é a tradução grega da palavra hebraica Messias.

Só depois que expulsou o mal, Daniel confessou Jesus. Então, fomos juntos à igreja, e ele começou a ter sede da palavra de Deus, o que foi uma bênção para nossa casa.

Depois de um tempo, voltei lá para assinar um documento e retirar a queixa contra o meu irmão. Mas, por causa dessa confusão toda, minha mãe ficou um ano sem conversar comigo: este foi o maior problema dessa história porque, durante esse tempo, eu sentia muita falta de ver o meu pai e a minha mãe.

Nesse período em que ficamos distantes, mesmo bastante triste com a situação, continuei orando por eles todos. Foi mais uma provação, antes de conseguir a salvação da minha casa.

As primeiras bênçãos que vieram para a minha família

Eu estava, como disse, jejuando às sextas-feiras pela cura de um câncer da mãe da minha tia Olane, que mora em Ribeirão Preto. Um dia, quando eu saía para ir ao monte, liguei para a minha tia e disse: "Tia, estou de jejum e orando por sua mãe, dona Santa. Coloquei sua mãe em um propósito de oração e preciso que você me diga se crê que ela já foi curada do câncer".

"Sim, eu creio", minha tia respondeu. E, depois de um mês, mais ou menos, quando os médicos foram abrir o tumor, ela não tinha mais nada: dona Santa estava curada do câncer, para a glória de Deus.

Essa foi a primeira bênção que recebemos.

A segunda ainda seguia no campo da intenção, mas veio a se concretizar, também para a glória de Deus e a salvação da minha família.

Salvação da casa

Depois de um ano, toda a minha família se converteu ao evangelho. Todos foram batizados nas águas: meu pai, minha mãe e meu irmão Daniel. Deus mudou tudo! Às vezes, precisamos enfrentar uma situação ruim em nossas vidas para, mais lá na frente, o Senhor nos dar a vitória.

Ficamos todos felizes com a conversão familiar, porque está escrito na palavra de Deus: "Crê no Senhor Jesus Cristo e será salvo tu e a tua casa" (Atos 16, 31). Lembrando que a salvação é individual.

Quem me apresentou o Joselito foi a Miriam, uma amiga de infância; na verdade, uma irmã da Igreja Sara Nossa Terra, onde entreguei a vida a Jesus. A Miriam me levou para visitá-lo e, de imediato, surgiu uma boa amizade. Depois de convidar o Joselito para ir à minha casa em Uberlândia, os contatos se tornaram frequentes e, como ele já trabalhava com bombas injetoras, tornou-se meu sócio na empresa que abri em Passos. Porém, como já contei, o negócio não deu certo.

Depois desse mal negócio, minha situação financeira foi decaindo cada vez mais, até que fiquei sem condições de ajudar meus pais. Não tinha recursos sequer para cobrir minha conta no banco, mas sempre encontrava um jeito de tirar o dízimo, que é do Senhor, e fazia uma oferta em dinheiro ou, então, dava chequinho pré-datado. Minha esposa levava o Brunninho para a escola de ônibus, porque tivemos de vender o carro dela, e as coisas só foram piorando: cartão de crédito estourado, conta bancária no vermelho...

Em vez dos carrões importados e modelos de luxo que tive um dia, passei a dirigir um Paliozinho, que andava mais de guincho do que qualquer outra coisa. Tive de aguentar até mesmo um colega me perguntando se eu não tinha vergonha da minha situação. "Até outro dia você dirigia um Audi e, agora, está nesse carrinho", ele disse.

Minha resposta foi "amém", sempre adorando a Deus e ensinando meu filho a dar glória ao Senhor, porque, em Deus, eu tenho tudo e nada há de me faltar.

Fiquei três anos sem fazer música. Esse foi o período que passei no deserto. Parei de compor. Ia aos cultos, mas não queria gravar CD evangélico. Eu dizia: "Não quero mais saber de compor nem de gravar nada".

Um dia, Deus usou a vida do Joselito para falar que, se eu não fizesse a obra d'Ele, eu ia pagar um preço muito alto. Mesmo assim, não dei ouvidos. Era o Senhor me convocando, enquanto eu corria e continuava fugindo do Seu chamado.

Jamais vou me esquecer

A gente costumava fazer campanha na igreja, realizar cultos na minha casa, em Uberlândia, e seguir para o monte, e o irmão Joselito era um dos participantes dessas atividades.

Um dia, pouco tempo depois da minha conversão, combinamos de realizar uma vigília no sítio que eu havia comprado ainda na época do Só Pra Contrariar. Nesse dia, o Joselito almoçou em casa. Depois da refeição, levei-o para conhecer o sítio, que ficava pertinho da cidade. Minha esposa pediu que eu já pegasse os mantimentos, que estavam no carro dela, para fazermos um lanche depois da vigília (aliás, foi em uma dessas visitas ao sítio que Joselito teve uma visão revelada por Deus, em que apareciam muitos CDs gravados por mim).

No início da noite, fomos juntos para o sítio no meu carro: Joselito e sua esposa, Kelly e eu. Quando chegamos, a Kelly perguntou pelos pães de queijo e pelos biscoitos, e só então me dei conta de que eu tinha esquecido de pegar. Não havia nada para comermos depois da vigília, mas decidimos que seria melhor buscar mais tarde.

E assim foi: cantamos, oramos e vivemos aquele momento maravilhoso na presença de Deus. Terminada a vigília, por volta das quatro horas da manhã, o Joselito e eu entramos na Blazer (que era o carro que eu tinha naquela época) para voltar à minha casa e apanhar o lanche.

Já na rodovia, enquanto conversávamos, percebi que havia um corpo estendido no chão. Parecia um rapaz atropelado, e vi uma carreta tirando uma fina da cabeça dele. Assustado, exclamei: "Misericórdia, Pai! Misericórdia!".

Parei a Blazer na frente do rapaz caído no meio do asfalto, liguei o pisca-alerta e, por obra de Deus, apareceu uma Kombi de uma granja de frangos que ficava perto de um posto policial. Em seguida, o motorista bipou para a empresa, pedindo para avisar a polícia que havia um homem morto na estrada.

Fiquei angustiado, mas algo me fez descer do carro e pôr as mãos sobre o corpo caído. Seguindo uma orientação do Espírito Santo, fui até o corpo, coloquei as mãos sobre ele e disse: "Eu não te conheço, mas Jesus te conhece. E hoje Ele quer te dar a vitória". No mesmo instante, o rapaz começou a se mexer, virou-se e conseguiu ir sozinho para o acostamento. Em seguida, os bombeiros chegaram e o levaram para o hospital.

Não sei dizer o que aconteceu depois, se ele morreu ou sobreviveu, mas creio que Deus nos fez esquecer dos mantimentos para voltar justamente naquela hora e encontrar aquele rapaz. Foi uma experiência muito forte, e fiquei pensando: "Por que Deus me usou? Eu acabei de me converter; por que não usou o Joselito, que já tem muitos anos na presença de Deus?".

Esse episódio marcou profundamente a minha vida, e não podia deixar de contá-lo neste livro.

6

A lição do perdão

Entreguei a minha vida para Jesus
e agora vou falar só de Jesus.
Não importa o que as pessoas vão dizer de mim,
só a Ele eu vou seguir, sua vontade vou fazer.
(...)
O meu Deus é forte, justo e verdadeiro,
Príncipe da paz, me amou primeiro.
É fiel comigo, sempre meu amigo.
Mesmo eu sendo falho, fraco e pecador,
sempre me amou.

Versos de "O meu Deus é forte", faixa-título do
primeiro CD de Regis Danese

Não me esqueço das agruras daquele tempo que passei no deserto, mas, com sede da palavra de Deus, encontrei o caminho da minha vida. "Conhecereis a verdade, e a verdade vos libertará" (João 8, 32), como diz o Senhor. O chamado de Deus para minha vida foi mais forte, e eu não tive como fugir. Sim, embora eu não quisesse – e até evitasse – tocar e cantar no púlpito. O Espírito Santo de Deus me convenceu do meu chamado. Tudo o que Deus prometeu na minha vida, Ele tem cumprido.

Além de congregar na igreja, eu gostava de participar dos cultos realizados na casa do Joselito Garcia e das conversas que sempre tivemos. Antigamente, eu acreditava em reencarnação. Um dia, ele me perguntou: "Se é assim, por que Jesus, o nosso salvador, morreu na cruz do calvário? Então, a morte do Senhor foi em vão, se você tem de voltar aqui em outras vidas".

É claro que mudei de opinião e aceitei que cada pessoa tem que morrer uma só vez e, depois, ser julgada por Deus. Cristo foi oferecido uma só vez para tirar os pecados de todos nós. No fim, ele aparecerá uma segunda vez para salvar aqueles que estão esperando por ele e, assim, nós seremos arrebatados para encontrar o Senhor nos ares.

Apesar de me entender bem com Joselito, eu não gostava de uma situação que se repetia com demasiada frequência quando ia visitá-lo. Tão logo eu aparecia por lá, ele já pegava o violão para tocar alguma coisa, me incentivando a acompanhá-lo e a criar novas composições. Geralmente, me sentindo meio incomodado com a pressão, eu dava um jeitinho de ir embora.

Mas o Joselito percebeu esse desconforto e, a partir daí, deixou que a iniciativa partisse de mim. Quando eu sentia vontade de cantar e tocar, a coisa fluía de maneira natural. Na verdade, nunca gostei de encarar a música como um trabalho forçado.

Lembro-me de que, nessa época, eu andava tão estressado que bloqueava qualquer envolvimento mais sério com letra ou melodia de novas canções, convencido de que não queria mais saber de nada disso para a minha vida. A verdade é que eu nunca consegui descobrir quais foram as causas de tamanho estresse. Às vezes, acho que comecei muito cedo minha carreira musical, mas não sei se esse era um fator determinante para andar tão arredio. Talvez fossem as decepções que se somaram ao longo da carreira e por trás das cortinas do *show business* naquele tempo em que fui um artista secular. O resumo da ópera é que eu não queria compor nem gravar discos.

Aos poucos, porém, os obstáculos que eu erguia e a resistência que fazia questão de mostrar foram caindo, esfarelando-se, e comecei a fazer alguns trabalhos de composição com o Joselito. Essa parceria rendeu bons frutos, como a música "Entregue sua vida", nossa primeira obra juntos.

Como já disse, nunca gostei de fazer nada por obrigação, ainda mais no campo musical. Sei como é importante deixar fluir a inspiração, e sempre respeitei aquele momento especial em que a vontade de criar desabrocha. Fosse em casa ou saindo apressado para um compromisso, eu parava tudo para fazer o que era para ser feito. Depois que me converti e entreguei minha vida a Jesus, aprendi que esse momento de inspiração é sagrado.

Viagem missionária

Ainda relutante em dar ênfase ao meu dom para a música, fiz uma viagem de 3800 quilômetros para Rondônia e Acre com o pastor Álvaro Álen Sanches, presidente da Assembleia de Deus de Uberlândia. Foi uma empreitada missionária, absolutamente espartana, a bordo de uma caminhonete Veraneio sem ar-condicionado. Nesse episódio, dois motivos quase me fizeram recusar o convite do pastor para acompanhá-lo: o tempo que eu ficaria longe da família e a complicada situação econômica que persistia em minha casa. Por conta disso, cheguei até a dizer que não poderia viajar, mas Deus usou um irmão para me convencer, profetizando que, após aquela jornada, Ele iria me abençoar.

Sem dúvida alguma, foi mais uma experiência reveladora para mim, ao congregar em pequenas igrejas, cruzar por terra aquelas cidades e os descampados tão distantes das grandes capitais, participar de tantos cultos e aprender com as pregações do meu pastor. Também visitamos um povoado onde fomos muito bem recebidos por descendentes indígenas, que deram um bom exemplo de educação e respeito entre pais e filhos. Na hora do almoço que foi oferecido a nós, os convidados, os indiozinhos inicialmente não tocaram na comida, só o fazendo depois da autorização dos mais velhos. E a gente vê, hoje, uma sociedade tão mal-educada, com pessoas que têm tudo, que vivem com muito dinheiro, mas falta o principal: a boa educação.

Teimosia diante da urgência

A canção "O meu Deus é forte" deu nome ao meu primeiro CD. O Joselito tinha começado a fazer um pedacinho dela e veio me contar que acordou no meio da madrugada, depois de um sonho em que me viu cantando essa música, então, levantou-se da cama e escreveu a letra. Mas eu, ainda teimoso, disse: "Não, eu não quero gravar". Então, um dia, quando voltei a Passos e fui à casa dele, terminamos juntos essa obra.

~

Decorrido certo tempo, o pastor Átila, que coordenava o culto em que Vandinho Domingues era ministro do louvor, me convidou para um congresso evangélico no Center Shopping, em Uberlândia. Ele insistiu tanto que eu acabei indo e participei ministrando. Quando desci do púlpito, um irmão abençoado pelo Espírito Santo pôs a mão na minha cabeça e afirmou: "Deus está falando para você gravar um CD urgente, para fazer o seu melhor. Se não fizer, vai pagar um preço muito alto".

O Senhor já havia falado anteriormente sobre eu pagar caro se não atendesse Seu chamado. Com essa palavra de Deus, liguei para um produtor do Rio de Janeiro, um irmão evangélico e, em seguida, entrei em contato com os melhores músicos.

Pelo telefone, o produtor perguntou se eu poderia lhe pagar adiantado e prometeu que, em uma semana, ou no máximo duas, entregaria o trabalho pronto. Ele também me convidou para ficar hospedado em sua casa durante a produção.

Mesmo depois de tudo combinado, ainda restavam conflitos dentro de mim e, assim que cheguei no aeroporto, pensei em desistir de gravar o disco e voltar para casa. Minha esposa disse: "Não, não e não". Ela enxergava os planos de Deus, enquanto eu vacilava. Mulher tem visão de águia. Sei que cheguei aonde estou porque é o plano do Senhor, mas minha esposa me incentivou muito.

Um projeto que demorou a se concretizar

Após o desembarque no Rio, fui me encontrar com o produtor, que desconversou sobre a oferta de hospedagem, pedindo que eu arrumasse outro lugar para ficar, porque sua casa estava cheia. Realmente, fiquei chateado, mas disse para mim mesmo: "Bola pra frente".

Ele também repetiu que me entregaria tudo prontinho em uma semana. Mas não foi o que aconteceu.

Passou um mês, depois outro, até que terminou a mixagem, mas, quando ele me entregou o material, o resultado não estava como eu queria. Reclamei com aquele homem de Deus e lhe disse: "Você pisou na bola".

Houve um certo conflito entre nós, e eu saí decepcionado... Fui embora chorando, pensando: "Não quero mais saber disso, não". E engavetei o projeto. Em consequência dessa frustração, tomei a decisão de me afastar da minha igreja, comportamento que durou um longo ano.

Por fim, em uma noite, depois de inúmeras tentativas de minha esposa para me convencer a reconsiderar tal decisão, ela me convidou para ir à Igreja Assembleia de Deus de Uberlândia. E, dessa vez, eu aceitei o convite. Durante o culto, Deus usou a vida do pastor para dizer as seguintes palavras: "Você, que está escondendo o seu talento, saiba que Deus está cobrando. Hoje é a última oportunidade que estou dando para você colocar isso em prática. Eu dei esse talento para você usar na minha obra; se não usar, vou tomar".

Ouvi com atenção a pregação, mas ouvi com o coração duro. Achei que Deus estava falando com alguém da orquestra ou com alguém do louvor.

O Senhor, no entanto, conhece todos os nossos pensamentos, e foi além: "Lembra-se de quando Eu te livrei daquele acidente? Era para a morte e Eu que te livrei, porque tenho um grande propósito para sua vida". Ao ouvir isso, tinha a certeza de que Deus estava falando comigo.

O livramento de Deus

No ano de 2003, em uma viagem de Uberlândia para Passos, sofri uma violenta colisão no trevo de São José da Bela Vista. Estava em alta velocidade quando surgiu um veículo no trevo e, sem tempo para desviar, bati de frente. Meu carro se arrebentou todo, ficou parecendo uma sanfona, mas a família escapou sem nenhum arranhão: eu e minha mulher nos bancos dianteiros e, atrás, o Brunninho, com 5 anos, que estava sem o cinto de segurança.

Então, quando o pastor falou que esse acidente era para morte – "fui Eu que te livrei" –, caminhei até a frente da igreja para pedir perdão a Deus. Aquilo me ensinou a nunca mais olhar para o homem, porque nós somos falhos, fracos, pecadores e limitados, e sempre olhar para o alvo que é Jesus.

Ao voltar para casa, prometi para a Kelly que iria remixar o disco inteiro. Depois, liguei para o Luiz Cláudio – antigo parceiro de composições e de moradia – e, juntos, fizemos as novas mixagens no seu estúdio, e, na época, ele nem me cobrou nada. O único problema era que uma das músicas tinha sido composta pelo produtor do Rio e, portanto, eu teria de falar com ele para obter a autorização de incluí-la no CD.

Ao pensar nisso, revivi em pensamento tudo o que havia acontecido um ano antes. A amargura e o rancor que ficaram em meu coração eram uma maldição para a minha vida e, tenho certeza, para a vida dele também. Em suma, uma coisa mal resolvida, que, com o passar do tempo, acabou se dissipando, mas, ainda assim, deixou sequelas.

Quando liguei para o produtor, para falar da música dele que eu queria incluir no disco, ele me disse:

– Regis, foi muito bom você me ligar; eu ia mesmo telefonar para você por esses dias para lhe pedir perdão por tudo o que fiz.

Respondi-lhe:

– Deixa pra lá o que aconteceu, já passou.

Mas ele insistiu:

– Mas a palavra de Deus diz que eu tenho que liberar essa palavra de perdão, e você tem que falar que me perdoou.

Novamente, repeti:

– Deixa pra lá, isso já passou...

Mas ele continuava insistindo:

– Mas você me perdoa, em nome de Jesus?

Por fim, eu respondi:

– Eu te perdoo e, em nome de Jesus, você também me perdoe por alguma coisa que eu lhe fiz nesse tempo.

A Kelly, que estava perto de mim, disse que o meu semblante mudou na mesma hora. Foi como se tivessem caído as correntes, a maldição que estava em minha vida. A partir daquele momento, as coisas começaram a andar para mim, e acredito que para ele também melhoraram.

Ele é um homem de Deus, um grande amigo com o qual tenho falado muito nessa fase da enfermidade da Brendinha. Ele e sua esposa também passaram por muitas tribulações – já perderam filhos por aborto, e ele foi curado de leucemia quando tinha apenas 8 anos. Tenho muito amor pela vida deles, um carinho todo especial. Ele é um excelente produtor, e um dos poucos com quem me identifico em termos de estilo musical.

Certo dia, fui visitar a igreja Batista Ebenezer onde o pastor Emerson dirigia um culto. Fui convidado para cantar nessa ocasião. Porém, antes de começar a louvar, a pastora Fernanda Brum me ungiu com um óleo sobre a cabeça em um ato profético e Deus disse através de sua boca que o próprio Deus me daria canções que marcariam gerações.

Em 2004, enfim, lancei o disco *O meu Deus é forte*. Além da faixa-título, trazia outras músicas de louvor e adoração como "Amor incondicional", "Entregue sua vida" e "Há uma chance". Foi o início da obra do Senhor no meu ministério.

7

A glória da segunda casa traz a prosperidade

Eis aqui, Senhor, o melhor que eu tenho
e o Senhor mesmo me dá.
És o meu Pastor, meu melhor amigo,
que me sustenta e nada deixa me faltar.
De coração, com alegria,
quero devolver aquilo que é Teu.
Estou aqui para Te ofertar
e Suas bênçãos sempre vão me acompanhar!

Repreende todo mal,
abra a janela do céu sobre mim...

"O melhor que eu tenho", faixa-título do segundo CD
de Regis Danese

Gravei o primeiro disco, *O meu Deus é forte*, de forma independente, e depois saí batendo de porta em porta nas gravadoras, mostrando o trabalho, mas nenhuma queria aceitá-lo. Sei que tudo isso foi obra de Deus, para testar a minha fé. Naquela época, eu tocava nas igrejas e dormia de favor na casa de amigos, porque não tinha dinheiro para pagar hotel.

Gostava muito de trocar ideia com o pastor Josemar Freitas, com quem dei meus primeiros passos na fé, depois que o Vandinho me evangelizou no Só Pra Contrariar. Ele era meu pastor conselheiro (faleceu em 12 de dezembro de 2010); fazia cultos em sua casa, em Uberlândia, e eu dizimava lá.

Esse pastor, muito honesto, pretendia abrir uma igreja, mas não conseguiu. Um dia, ele foi à minha casa, levando todos os dízimos e ofertas que havíamos depositado. Não aceitei a restituição, é claro, e lhe respondi: "Eu fiz a minha parte com Deus. Agora, pastor, faça o que o Espírito Santo de Deus tocar no seu coração".

Tempo da colheita

Esse mesmo pastor, Josemar Freitas, foi quem me ajudou quando eu ainda escolhia o repertório de *O melhor que eu tenho*, meu segundo disco. Lembro que ele foi até a minha casa para me oferecer um dinheiro emprestado para realizar o projeto. Porém, resisti, pois não teria como pagar. Ele insistiu e disse que estava semeando em terra fértil. Então, aceitei a oferta. Mesmo com dívida no cartão de crédito e com a conta bancária estourada, peguei aquela quantia que ele ofereceu. Mas, ao acertar a viagem ao Rio de Janeiro para a produção do CD, hesitei, preocupado, e fiquei pensando: "Que loucura, meu Deus! Onde eu estava com a cabeça para pegar esse empréstimo? E agora, como vou pagar? De onde vou tirar dinheiro?".

Pensei em voltar e devolver o dinheiro, porém, segui em frente, com muita fé e entoando o refrão de "Eu creio nos planos de Deus", uma música de louvor incluída nesse disco:

Eu creio nos planos de Deus,
eu creio nas promessas que Ele tem pra mim.
O mundo pode até duvidar,
no tempo do Senhor
tudo vai se cumprir.

Lançado em 2006, com 11 faixas, o CD *O melhor que eu tenho* traz uma mensagem direta sobre dízimos e ofertas na faixa-título e é prova do meu amadurecimento na música gospel. O repertório tem canções de adoração e louvor, além das participações da Kelly e do meu filho.

Brunninho canta comigo "Meu melhor amigo", com o coral infantil de Uberlândia. Essa música fala do relacionamento entre pais e filhos, mostrando que, para entender o Senhor, é preciso ser como uma criança. O refrão diz:

Papai, meu melhor amigo.
Papai, estarei contigo
e habitarei na casa do Senhor pra sempre.

Já a canção "Eu quero cem vezes mais" traz a voz da minha esposa, retomando a parceria que tínhamos feito em seu disco solo, *Eu sou assim*, durante a gravação em um estúdio de São Paulo, onde ocorreu nosso primeiro encontro.

A produção de *O melhor que eu tenho* ficou a cargo de Wagner Carvalho, e o disco tem o perfil dele, deixando de lado características da minha identidade musical na obra de Deus. Wagner Carvalho, sem dúvida, é um excelente produtor, é diferenciado. Ele toca todos os tipos de instrumentos e faz tudo muito bem em qualquer estilo, seja axé, pagode, balada ou, principalmente, rock.

Longe de casa

Durante o período de produção e de mixagens do álbum, passei mais de um mês no Rio de Janeiro. Na primeira semana, liguei para a Kelly e pedi que ela fosse ficar comigo. Estava me sentindo muito sozinho. Uns dias depois, liguei em casa para falar com meu filho e ele disse que tinha esquecido o meu rosto... Ah! Eu chorei demais. Mais uma vez, Kelly me deu forças para continuar. Assim, finalizei as gravações do disco, que apresenta outras faixas, como "Seu cuidado sobre mim", um hino de adoração em que reafirmo minha entrega a Jesus, e "Me ensina a Te adorar", que traz o seguinte pedido: "Meu Rei, desperta-me do sono, abre os meus olhos para eu poder Te enxergar".

Quando terminei o trabalho, as gravadoras não quiseram comprar o tape. A Line Records aceitou fechar contrato para a distribuição só depois que ocorreu uma mudança na cúpula da empresa. O novo diretor me convidou para almoçar e afirmou: "Se você quiser lançar aqui, a gente distribui".

Eu senti paz no coração e uma grande bênção. As músicas emplacaram nas igrejas, sendo muito bem aceitas pelos evangélicos. Nesse tempo, a Igreja Universal foi um instrumento para me abençoar. Os bispos me convidavam para cantar, e eu vendia muitos CDs.

As janelas são abertas

Em uma viagem a São Paulo, em companhia da minha esposa, participei de um culto na igreja do bispo Paulo Moura. Durante a pregação, o pastor Marcos Gregório lançou um desafio, incentivando os fiéis a dar sua contribuição. Senti no coração e fiz um chequinho, que até surpreendeu a Kelly por causa do valor meio alto em relação à nossa precária situação financeira. Como a gente não tinha saldo suficiente no banco, eu pré-datei o cheque. A partir daquele mesmo mês, como que por milagre, começou a aparecer dinheiro na minha conta bancária... Dinheiro que eu nem sabia direito de onde vinha.

Sou um dizimista fiel, e o Senhor abriu as janelas do céu sobre mim, derramando bênçãos. Rapidinho, eu paguei o pastor Josemar – foi a primeira coisa que fiz. Depois, fui acertando as contas com o banco e quitando o cartão de crédito e outras dívidas. Até comecei a guardar um dinheirinho. Minha esposa é quem administrava tudo. Era ela quem dizia o que íamos pagar primeiro, e quem determinava as prioridades de gasto para isso ou aquilo... Graças a Deus, meu nome nunca foi para o SPC, o Serviço de Proteção ao Crédito... SPC, para mim, só mesmo o Só Pra Contrariar.

Fidelidade e generosidade

A palavra do Senhor ensina que a glória da segunda casa será maior que a da primeira. Comecei a viver essa prosperidade após a gravação do meu segundo disco, que fala da fidelidade de Deus, da minha gratidão, do tempo de colher o que se plantou e de restituição.

A glória da segunda casa será maior do que a da primeira, diz o Senhor dos Exércitos, e neste lugar darei a paz.

(Ageu 2, 9)

Os recursos materiais ocupam um plano inferior ao que é realmente valioso, os bens espirituais; por isso, a glória da segunda casa, agora com Jesus, se torna maior e perfeita.

No tempo de sucesso no meio secular, com o grupo Só Pra Contrariar e com outras composições que fiz para vários artistas, ganhei muito dinheiro com as vendas de discos, muito mesmo! Visitei vários países do mundo, tomando avião pra cima e pra baixo, ficando em hotéis cinco estrelas e comprando carros importados. Eu tinha tudo, mas sofria com o vazio e a depressão. Possuía bens materiais, mas não era próspero. Faltava alegria e meu casamento estava destruído. Só quando entreguei minha vida a Jesus é que realmente encontrei a prosperidade.

Com esse segundo disco, juntei recursos para gravar o terceiro, intitulado *Compromisso*, que estourou com a faixa "Faz um milagre em mim". Para gravar o novo trabalho, nem precisei tocar no dinheiro que, aos poucos, estava conseguido poupar. Só usei o que ganhava no dia a dia, com minhas apresentações em diferentes regiões do Brasil.

Tenho aprendido muito com Deus a cada dia, reconhecendo que existe o tempo certo para todas as coisas. Após *O melhor que eu tenho*, resolvi gravar as músicas de acordo com o meu estilo, assumindo de vez a direção musical a partir do meu terceiro CD, que teve como título *Compromisso*. Agora, estou no comando das minhas gravações, mas sempre serei grato ao Wagner Carvalho, que me abençoou muito no início, e a outros produtores, que também me ajudaram a crescer na carreira.

Para finalizar este capítulo, vou contar uma passagem muito importante, que reforçou minha convicção de permanecer em Uberlândia, contrariando a pressão do pessoal da gravadora que insistia para eu me mudar de lá e ir morar em uma grande capital do Brasil. Eles diziam: "Você tem que mudar de cidade; se ficar nessa roça, não vai acontecer nada no seu ministério".

Uma noite, porém, quando fui cantar em um jantar beneficente, em Uberlândia mesmo, Deus usou um pastor batista tradicional para falar comigo. E Ele disse: "Estou abrindo as portas, e você pode ficar onde está. Não precisa morar no eixo Rio-São Paulo. A obra é minha, e Eu vou fazer".

8

"Faz um milagre em mim"

Pois eu confio nas promessas
que Tu tens para mim.
Eu faço um compromisso
de ser fiel a Ti, até o fim.
Enche-me com Teu espírito,
derrama em mim a Tua unção.
Eu vou fazer Tua vontade,
andar na Tua direção.
Eu sei que serei
bendito por onde eu passar.

Versos de "Compromisso", música composta por
Kelly Danese e Joselito, título do terceiro disco de
Regis Danese, que estourou com a faixa "Faz um
milagre em mim"

Inicialmente, não pretendia gravar "Faz um milagre em mim" no CD *Compromisso*, meu terceiro álbum. Pensava em deixar essa música para o próximo projeto, porque o repertório do disco atual já estava muito bom. Foi Deus quem me fez mudar os planos, ao usar a vida do pastor Eli Fernandes, da Segunda Igreja Presbiteriana de Passos, que me disse o seguinte: "É para você gravar essa música, sim, porque vai selar seu ministério e quebrar todas as barreiras".

Como sou muito obediente e temente a Deus, resolvi incluir a música naquele mesmo CD.

"Faz um milagre em mim" é uma música, em forma de oração, que rompeu os limites do segmento gospel. Deus espalhou essa canção no ar. Por isso, sempre digo que toda a honra e toda a glória pertencem ao Senhor Jesus. Sem Deus, não somos nada.

Inspiração de Deus

Joselito sempre me visitava em Uberlândia e depois viajávamos juntos. Um dia, ele me ligou, dizendo que estava indo para a minha casa e que Deus tinha lhe dado uma música de Zaqueu.*

Ele já havia começado a escrever a letra de "Faz um milagre em mim", música que se tornaria tão conhecida tanto dentro quanto fora do país depois de ter sido gravada no disco lançado em 2008. A primeira estrofe diz:

Como Zaqueu,
eu quero subir
o mais alto que eu puder.
Só pra Te ver,

---

* Personagem bíblico citado no Evangelho de Lucas. "E, tendo Jesus entrado em Jericó, ia passando. E eis que havia ali um varão chamado Zaqueu; e era este um chefe dos publicanos, e era rico. E procurava ver quem era Jesus, e não podia, por causa da multidão, pois era de pequena estatura. E, correndo adiante, subiu a uma figueira brava para o ver; porque havia de passar por ali. E, quando Jesus chegou àquele lugar, olhando para cima, viu-o e disse-lhe: Zaqueu, desce depressa, porque hoje me convêm pousar em tua casa." (Lucas 19, 1-5)

olhar para Ti
e chamar Sua atenção para mim.
Eu preciso de Ti, Senhor.

E tem uma frase que, para mim, é muito forte: "Mexe com minha estrutura".

Quando Joselito chegou à nossa casa, nós – ele, minha esposa e eu – oramos e fomos para o quartinho onde ficava meu computador, onde funcionava meu estúdio caseiro. O ciclo se completou, e a canção, que veio em um estalo, saiu espontânea, abençoada por Jesus.

Foi a coisa mais linda de Deus. Mas o engraçado é que, no momento, a gente não teve a percepção de que era algo tão grandioso. Meu sogro, por exemplo, nos fez uma visita no dia seguinte e quando eu lhe mostrei algumas das composições novas, "Faz um milagre em mim" não foi aquela da qual ele mais gostou.

Produzindo meus próprios discos

Passei a atuar como produtor musical para ter um disco com o meu perfil. Nos CDs anteriores, as melodias eram minhas, mas a execução dos arranjos tirava a minha identidade, aquilo que carrego no íntimo do meu ser, um estilo próprio de som.

Por exemplo, quem conhece a banda Chicago, quando a ouve no rádio, logo diz "Isso é Chicago", porque as músicas têm arranjos que caracterizam o grupo. Quando alguém escuta Hillsong, outro conjunto norte-americano, sabe que está escutando Hillsong. E, agora, quem ouve Regis Danese já sabe que é o Regis Danese.

Numa noite, em minha casa, com os arranjos do disco bem encaminhados, o diabo começou a lançar setas, insinuando que eles estavam muito ruins. Imediatamente, comecei a repreender: "Não aceito. Eu sei que esse CD e seus arranjos são uma bênção". Liguei para o pastor Vandinho, pedindo que viesse até a minha casa. Assim que ele chegou, comecei a tocar. Quando inseri o piano de "Faz um milagre em mim", cantei de coração aberto. Então, ele começou a chorar e falou: "*Rejão*, essa música vai romper barreiras, vai mexer com a estrutura do Brasil, você vai entrar onde ninguém jamais entrou!". E foi o que aconteceu, porque Deus já havia falado que iria fazer Sua obra.

O CD *Compromisso* tem 12 faixas. As composições, em sua maioria, são parcerias da minha esposa com Joselito, incluindo a faixa-título "Compromisso", em que eu canto meu comprometimento com a palavra de Deus e Seus ensinamentos.

Minha mãe, dona Ziza, assina seis composições desse CD: "Te adorar", "Eu quero te agradecer", "Vou mergulhar", "Meu Isaque", "Teu altar" e "Vem me consolar", faixa em que faço mais um dueto com a Kelly. Também gravei três músicas ao vivo na Assembleia de Deus de Uberlândia, onde eu congregava na época em que morava na cidade. Esse disco tem a minha cara porque tive liberdade para expor, tanto nos arranjos como nas mixagens, tudo aquilo o que eu tinha vontade de fazer de melhor.

Uma bênção para o sucesso

Em uma viagem a Israel, o pastor Leandro, então diretor da Line Records, orou, e Deus usou a vida dele para falar que a música "Faz um milagre em mim" seria um sucesso em todo o Brasil, que serviria para abençoar inúmeras vidas, e, também, para converter milhares de pessoas ao evangelho. Sem pagar nada aos canais de difusão, "Faz um milagre em mim" ficou em primeiro lugar nas rádios de todo o Brasil, à frente de música sertaneja e de pagode. Para efeito de comparação: o custo de uma divulgação desse porte ultrapassaria a marca de 3 milhões de reais – isso no caso de haver investimento empresarial. Foi primeiro lugar nas rádios UOL, Band FM, Nativa e em várias outras emissoras seculares. "Faz um milagre em mim" foi cantada em diferentes ritmos por diferentes intérpretes, como Eduardo Costa, Fernando & Sorocaba, Latino e muito mais gente. Fez sucesso até no carnaval da Bahia. Michel Teló canta essa música até hoje, fora do país. Na internet, em um vídeo caseiro, a Claudia Leitte aparece cantando em sua casa. Fez sucesso no Japão, em Portugal e em outros países da Europa. Quando voltei a Angola, mais recentemente, para uma apresentação em Luanda, cantei para mais de 15 mil pessoas, e, quando fiz o apelo, cerca de 3 mil angolanos entregaram a vida a Jesus.

Um testemunho de fé

Em 2009, durante a realização da Expocristã,[*] em São Paulo, eu estava no estande da Line Records quando

---

[*] A Expocristã, considerada a maior feira de produtos cristãos da América Latina, reúne artistas, gravadoras e editoras, com lançamento de CDs, DVDs, livros e material de estudo teológico, além de shows. Realizada anualmente, chegou à 10ª edição em 2011.

apareceu um casal da Igreja Assembleia de Deus do Bom Retiro, do pastor Jabes de Alencar, para conversar comigo.

A mulher me contou que, no terceiro mês de sua gravidez, foi realizar exames pré-natal e o médico lhe disse que não havia batimento cardíaco no feto. "Essa criança morreu na sua barriga", afirmou o médico, que mandou a mulher ir para casa e explicou que ela teria um aborto natural. Finalizou: "Depois, você vem aqui para fazer a curetagem".

De volta ao lar, aquela mãe me disse que pegou o meu CD e começou a cantar, com muita fé: "Senhor, entra na minha casa, entra na minha vida, sara todas as feridas...". E profetizava: "Faz um milagre em mim. Eu quero essa criança de volta, Pai. Não deixa eu perder essa criança, não".

Depois de uma semana, ela me contou que voltou ao médico e que este, ao saber que o aborto não tinha acontecido, achou melhor realizar novos exames. Aí, apalpou a barriga dela, usou o aparelho para ouvir o batimento cardíaco do bebê, e escutou um "tuc-tuc-tuc-tuc" em alto e bom som. Sem entender o que havia acontecido, o médico declarou que a criança ou morreria ou nasceria com sequelas.

Aí, depois de me contar essa história, a mulher, exultante, com a criancinha no colo lá na Expocristã, disse: "Mas não aconteceu uma coisa nem outra!". Como Jesus é o autor da vida, a criança nasceu perfeita e linda – para a glória de Deus.

Em diversos lugares por onde andei, já ouvi muitos testemunhos de fé, de pessoas que alcançaram uma bênção de Deus, mas muitos mesmo. Deus opera milagres em quem acredita n'Ele e tem fé.

Durante a sessão de fotos para a capa desse livro.

Eu com 1 aninho de idade.

Aos 8 anos de idade.

Durante um concurso na escola Wenceslau Brás. Ganhei o primeiro lugar.

Fotos: arquivo pessoal

Tocando violão para os amigos.

Brenda e Brunno, meus presentes de Deus.

Fotos: arquivo pessoal

Mãe Ziza Danese e pai Oto Silveira.

Aniversário de 3 anos da Brendinha.

Com Neymar em um jogo beneficente.

Futebol beneficente em Passos/MG.

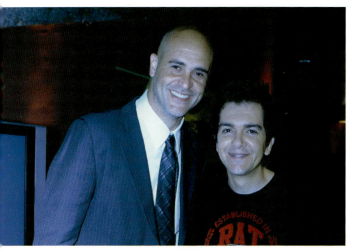

Ao lado do ex-goleiro do Palmeiras Marcos.

Ao lado do Pelé durante uma viagem de Angola para o Brasil.

Teleton 2011 com Raul Gil, Ratinho e Carlos Alberto de Nóbrega.

No programa da Xuxa com o Padre Marcelo Rossi, o Padre Fábio de Melo e a cantora Damares.

No programa da Eliana.

No programa da Ana Hickman.

Emoção durante um show.

Ministrando em um evento.

Ao lado da minha esposa Kelly durante a entrega do Troféu Talento.

9

Adorando Jesus em rede nacional

Te peço, muda-me, Senhor.
Me ajuda a te agradar, meu Deus.
Firma meus pés sobre a rocha,
alegra o meu coração,
ponha em mim um cântico novo,
um cântico de adoração.

Me limpa, me cura
de toda desilusão.
Restaura minha casa,
me ensina a liberar perdão.

Versos de "Restaura minha casa", composição de Kelly
e Joselito, cantada no programa de televisão
Raul Gil por Regis Danese e Mara Maravilha,
em agosto de 2009

Faço questão de agradecer muito ao apresentador Raul Gil, que abriu um grande espaço para mim na televisão. A música "Faz um milagre em mim" já havia estourado nas rádios, mas, não sei por qual motivo, talvez por preconceito, as emissoras de televisão não tinham coragem de me chamar. Foi ele quem deu a cara a tapa e me levou ao seu programa.

A audiência explodiu. Depois disso, outras redes também começaram a me convidar.

No quadro "Homenagem ao artista", do programa *Raul Gil*, que foi gravado em 28 de julho e transmitido em 1º de agosto de 2009, fiquei emocionado com a sequência de depoimentos de familiares, amigos e parceiros antigos e atuais. Ao lado de cenas gravadas com os meus pais, Ziza e Oto, minha esposa Kelly, meu filho Brunno e meu irmão Daniel, também participaram, entre outras pessoas queridas, pastor Josemar Freitas, Vandinho, Joselito, Raí, as duplas sertanejas Rio Negro & Solimões, Gian & Giovani, o apresentador de televisão Ratinho e os cantores André Valadão, Fernando Pires e Elymar Santos, além de Peninha e Mara Maravilha.

Falei ao Raul Gil que eu não era merecedor de tamanha homenagem nem dos elogios que a mim eram dirigidos. Chorei ao ouvir o depoimento do meu filho Brunninho lembrando-se de um tempo em que o carro quebrava na estrada, deixando a gente parado no meio da noite – mas eu sempre dizia: "Filho, glorifica o nome do Senhor, porque isso é passageiro".

Relatar isso me faz lembrar que eu dava tal conselho a ele, mas, em casa, me ajoelhava ao lado de sua cama e desatava a chorar, pois a situação não era fácil.

Graças a Deus, tenho uma família linda, que sempre me apoiou, mas nunca poderia imaginar que minha música estaria tocando na televisão, em programas fora do segmento evangélico.

As coisas do mundo parecem mais simples, podem até acontecer depressa, mas as coisas de Deus têm o tempo certo. A maioria das pessoas não sabe o que passamos lá atrás, do que abrimos mão. Eu vim para a igreja de carro importado e fui parar num carrinho...

Por isso, quando me perguntam como consegui superar tantas dificuldades no início da minha carreira e as pressões do mercado, incluindo as frustrações de não conseguir vender os tapes dos discos, respondo que foram as promessas do Senhor que me mantiveram de pé e seguindo adiante. Deus prova e, depois, aprova. Deus coloca você no deserto porque, mais à frente, quer colocá-lo no monte, para exaltá-lo e dar-lhe uma posição de destaque.

Festival Promessas, primeiro evento evangélico da Rede Globo

No final de 2011, a Rede Globo organizou o Festival Promessas, um evento realizado dia 10 de dezembro no Aterro do Flamengo, zona sul do Rio de Janeiro. Das 14h às 21h30 de um sábado – ou seja, por quase oito horas – cerca de 20 mil pessoas assistiram a uma apresentação coletiva que, além da minha presença, contou com Fernanda Brum, pregador Luo, Eyshila, Damares, Ludmila Ferber, Fernandinho, Davi Sacer e o grupo Diante do Trono.

Foi a primeira vez que a Rede Globo promoveu um evento evangélico.[*] No final, todos nós, juntos, cantamos "Alto preço":

E na força do Espírito Santo nós proclamamos a Ti que pagaremos o preço de sermos um só coração no Senhor. E por mais que as trevas militem e nos tentem separar, com nossos olhos em Cristo, unidos iremos andar.

---

[*] O programa especial, editado com uma hora e meia de duração, fez parte das comemorações de final de ano da Rede Globo e foi ao ar no dia 18 de dezembro de 2011.

E ainda puxamos um coro, repetindo o nome de Jesus, no encerramento do festival. Foi emocionante.

~

Vamos conquistando aliados. Hoje, na própria Rede Globo, há vários programas que abrem espaço para a música gospel. Tudo o que eles prometeram no Festival Promessa, tudo o que foi combinado com os cantores e suas bandas, incluindo a megaestrutura de som e de iluminação, foi cumprido direitinho. O evento foi muito bem organizado. A mídia secular abriu os olhos para a Igreja evangélica e está celebrando a música gospel. Agora, existe um respeito para conosco por parte de toda a imprensa, tanto em revistas como em jornais. Em todos os programas de televisão dos quais tenho participado, nunca houve qualquer desconsideração; sempre fui bem recebido.

Antigamente, cantores gospel eram tratados com desprezo – eram até mesmo boicotados. Mas a tendência desse tipo de música é crescer e ampliar a sua participação no mercado fonográfico. O mais importante, porém, é fazer de tudo para crescer com qualidade.

Atualmente, sou convidado pelas prefeituras do Brasil inteiro para participar de eventos. Cantamos em festas de peão, parques de exposições e aniversários de cidades. Parece que o público, agora, está exigindo a realização de eventos gospel.

~

Tenho um grande amigo que me levava aos programas de televisão na época em que era diretor da Rede Record, o

Vildomar Batista, que também é evangélico. Ele foi um dos que me apoiaram no início do meu ministério e me deram espaço. Um dia, quando fui agradecê-lo por tudo o que estava fazendo por mim, ele me disse: "Regis, de minha parte, eu não faria nada disso, mas sou impulsionado por Deus para abençoar sua vida".

Uma decisão que ninguém entendeu

Quando decidi que não iria mais fazer música secular, os artistas para quem eu entregava minhas composições disseram que eu estava louco. Também ouvia que tal decisão iria me fazer passar fome. Até a minha mãe falou isso, pois, naquela época, ainda não estava convertida. Minha esposa, no entanto, sabia do propósito de Deus para mim e pedia: "Senhor, honra o meu marido".

E o Senhor nos honrou a ponto de fazer a música "Faz um milagre em mim" ser o maior sucesso do Brasil, permitindo que eu ganhasse o Prêmio Música Digital e o Troféu Talento, além de ser indicado para o Grammy Latino.[*] Mas, graças a Deus, nunca me apeguei a essas premiações nem busquei a idolatria.

É por isso que tenho absoluta certeza de que valeu a pena recusar as propostas que, tantas vezes, recebi para fazer música de novela. Foram vários os pedidos para eu gravar músicas seculares durante a fase anterior ao lançamento do CD *Compromisso*. Havia uma diretora na gravadora que me dizia: "Vamos, Regis, pensa nisso com carinho". Mas eu

---

[*] Para acompanhar o desenvolvimento da carreira de Regis Danese, incluindo suas premiações, veja a Linha do Tempo na página 137.

sempre dizia: "Não, meu talento hoje é exclusivo para adorar a Deus".

Em momento algum eu me vendi e, sempre procurando fazer música de Deus, nunca pensei em gravar um disco secular para ver o que poderia acontecer. Doze anos atrás, eu experimentei Jesus Cristo. Isso mudou minha vida, restaurou meu casamento e, se você quiser, vai mudar sua vida também. Eu só tenho a agradecer. Obrigado, Pai, por esse ministério de louvor que o Senhor me presenteou.

O preço do sucesso

O sucesso, porém, tem seu preço, e faz surgir aproveitadores que cobiçam os frutos do trabalho alheio. Sou vítima de uma acusação de plágio – descabida, registre-se – feita por um aproveitador que foi à imprensa em 2010 e, depois, entrou na Justiça, alegando, sem a menor cerimônia, que seria o autor de "Faz um milagre em mim".

Isso é a mais deslavada mentira.

Fui intimado por um oficial de Justiça durante a Marcha para Jesus no Rio de Janeiro, realizada em maio de 2012, e fiquei sabendo que a Kelly, o Joselito e eu fomos indiciados por formação de quadrilha.

Procurei um advogado e, por conta dessa ação movida por um aproveitador que nunca fez nada no campo da música, estou gastando uma fortuna para me defender tanto na área civil como na criminal. Um dinheiro que minha família não vai recuperar – mas vamos provar que a base desse processo não passa de uma fraude, e vamos restaurar a verdade.

10

A força de Brendinha

Te agradeço pela minha família
e por Tua presença no meu lar.
Te agradeço pelo pão de cada dia
que o Senhor nunca deixou faltar.

Te agradeço pela nossa harmonia.
Só em Ti, Senhor, podemos confiar.
Já Te agradeço pelas Tuas maravilhas
e os milagres que ainda há de operar.

A minha família é bênção do Senhor.
Edifica minha casa para o Teu louvor.
A minha família é um presente do Senhor.

Versos de "Família", faixa-título do quarto CD de
Regis Danese, lançado em 2010

No verão de 2012, viajei com minha esposa, Kelly Danese, meus dois filhos, Brunno, de 13 anos, e Brenda, então com 2 anos e 10 meses, para a Disney, para um passeio de dez dias. Era para ser um momento de grande alegria e diversão, com a família reunida, e era assim que nos sentíamos. Havíamos planejado com carinho aquela viagem... Mas, no dia 25 de janeiro, quando entramos no carro, já nos Estados Unidos, a Brendinha disse: "*Tô* podre, mas não vou morrer. Eu não vou morrer".

Não consegui entender o que ela tinha dito e perguntei ao meu filho o que a Brendinha tinha falado, e ele respondeu: "É isso mesmo, pai".

Então, olhei para minha filha e indaguei: "Brendinha, o que você falou?". E ela repetiu: "*Tô* podre, mas não vou morrer. Eu não vou morrer". Ela afirmou isso duas vezes. Deus é tão bom que usou a boquinha dela para revelar que ela estava doente, mas que não era para a morte, e sim para a glória de Deus.

Naquele dia, Brendinha já tinha vomitado e estava abatida por causa de uma febre intermitente. A febre não cedia de jeito nenhum, e isso foi nos deixando preocupados, ainda mais depois do que ela disse no carro. Por fim, decidimos levá-la a um hospital.

Eu dirigia um carro alugado. O carro tinha GPS, mas, como o hospital era longe e eu estava muito nervoso, pensei que tinha tomado o rumo errado. Tudo parecia mais difícil naquele momento. Eu estava meio desnorteado, fiquei confuso até na hora de abastecer o carro – parei de um lado da bomba de combustível, mas a mangueira estava do outro. Eu estava sem controle!

Ao chegar ao hospital público, logo veio uma médica que examinou a garganta, a boca e o nariz da minha filha. Na hora de tirar sangue, ela cutucava daqui e dali, mas não achava nada... nenhuma veia... Parecia que não tinha nem uma gotinha de sangue no corpo dela.

Custou para a médica encontrar uma veia e conseguir retirar uma amostra de sangue. Com todo cuidado, ela tirou um pouquinho; depois, tirou mais um pouquinho... O mínimo necessário para o exame.

Passaram-se uns vinte minutos, talvez meia hora (devo ter perdido um pouco a noção do tempo), quando a médica e as enfermeiras voltaram. Estávamos ansiosos pelo resultado do exame, mas elas, de forma objetiva, perguntaram para mim e para a Kelly se havia alguém com câncer na família.

Ah, meu Deus!

A Kelly ficou branca. E eu perdi o chão. Minhas pernas bambearam, pensei que fosse desmaiar.

Logo de cara, deram morfina para a Brendinha.

Tudo aquilo era muito assustador. De repente, você vê sua viagem de férias sendo interrompida da maneira mais brutal e atordoante possível, com sua filha praticamente sem sangue internada em um hospital longe de casa, recebendo medicação forte e com um possível diagnóstico de câncer – além disso, havia ainda as dificuldades do idioma. Nem conseguíamos nos comunicar direito... Foi difícil encarar tudo isso, mas quando Deus tem um plano para a vida de uma pessoa, ninguém pode impedir.

Minha filhinha ficou internada nos Estados Unidos durante cinco dias, que eram para ser os cinco dias de passeio que nós tínhamos planejado.

Então, fizeram uma transfusão de sangue e transferiram a Brendinha para outro hospital, onde foi dado o diagnóstico preciso: LLA (leucemia linfoide aguda) do tipo B, de baixo risco.

Apoio dos amigos

Ricardinho, ex-jogador do Cruzeiro, que, como eu, nasceu em Passos, e sua esposa, Adriana, nos ajudaram muito lá nos Estados Unidos. Eles estavam morando em Miami, onde Adriana fazia um tratamento de câncer. Como sabe falar inglês, ela acionou o seguro.

Durante a internação, a médica nos pediu que assinássemos uma autorização para fazer a transfusão de sangue, mas estávamos sem cabeça até para avaliar procedimentos como esse. Em dúvida, Kelly ligou para a esposa do Ricardinho, dizendo que o hospital queria que a gente assinasse um termo de responsabilidade.

Estávamos em uma situação muito difícil, porque, além de não termos ideia de que tipo de tratamento a Brendinha precisava naquele momento, havia também a dificuldade do idioma... Com medo da decisão que tínhamos de tomar, lembro-me da Kelly perguntando para a Adriana: "É perigoso?". Mas, qualquer que fosse a resposta, no fundo nós sabíamos que era o que tinha de ser feito. E tinha de ser feito rápido, senão nossa filha morreria. As médicas até disseram que, se deixássemos para o dia seguinte, não ia ter jeito.

Ficamos umas duas horas com a Brendinha nesse primeiro hospital. Logo após a transfusão de sangue, ela foi transferida para um hospital infantil especializado nessa área.

Nesse segundo hospital, Brendinha ficou quatro dias. Lá, chegou a fazer mais duas transfusões – de plaquetas, de glóbulos brancos e de glóbulos vermelhos.

Percebendo nossas atitudes negativas diante da vida

Atordoado com o baque que foi o diagnóstico da Brendinha nos Estados Unidos, percebi que nós tínhamos pegado a mania de murmurar e de reclamar, manifestando contrariedades. Embora nossa família estivesse hospedada em um hotel, onde havia tudo do bom e do melhor, minha esposa e eu ficávamos murmurando e apontado defeitos em pequenas coisas.

Depois que a Brendinha foi transferida de hospital, minha esposa ficou com ela no quarto e eu voltei para o hotel para descansar um pouco. Mas quem diz que eu conseguia dormir? Deitado na cama, eu rolava de um lado para o outro, até que consegui cochilar um pouquinho. Mas, de repente, acordei com meu próprio gemido. Eu dizia: "Pai, está doendo muito". Então, levantei e orei: "Papai, o que o Senhor quer de mim? Eis-me aqui, Pai. Eu quero fazer a Sua obra com amor. Não da minha maneira, mas do jeito que o Senhor quer. Papai, me dá uma chance. Eu não quero perder a minha filha".

Deus é fiel. Ainda no hospital nos Estados Unidos, com tudo preparado para voltarmos para o Brasil, nós reunimos a família e fizemos uma oração. Quando terminamos, Brendinha levantou as mãos para o céu e começou a gritar: "Jesus me curou, Jesus me curou! Jesus segurou a minha mão!".

Ouvir isso da boquinha da minha filha aumentou ainda mais a minha fé. Não vou esquecer nunca dessas palavras. Sei que o coração do homem é enganoso e que, depois de alcançar o sucesso, a fama pode nos tirar do foco, que é levar a palavra de Deus para aqueles que verdadeiramente precisam dela. Quando o sucesso começa a acontecer, nós passamos a escolher lugar para cantar, ficamos querendo nos apresentar apenas em grandes eventos e acabamos desprezando as pequenas igrejas.

Pois, desse dia em diante, disse para mim mesmo: "Quero fechar todas as brechas da minha vida". Sabe aquele negócio da mentirinha, do tipo "fala que eu não estou" quando alguém liga em casa? Pois é, até esse tipo de brecha estou fechando, porque não interessa qual seja o tamanho da mentira, é pecado do mesmo jeito. Como diz a palavra de Deus: comete pecado quem mente, quem adultera, quem rouba e quem mata, e como Ele não dá a dimensão dos atos, praticá-los é sempre pecado. Para Deus não tem "pecadinho" ou "pecadão", tudo é pecado.

~

Recentemente, fui cantar numa cidadezinha na região de São José do Rio Preto, no interior paulista. A igrejinha estava lotada: quase cem pessoas! E, do lado de fora, mais de mil evangélicos! O culto realizado na ocasião foi uma benção; senti muito a presença de Deus e consegui firmar a ideia de que nós não podemos perder o foco e ficar querendo cantar só em evento grande, mas temos de conciliar as apresentações com as igrejas, mesmo as pequenas, como aquela. Como a minha agenda é sempre muito cheia, eu ficava escolhendo lugares – e até mesmo eventos – para cantar, mas não é isso o que Deus quer. Ele quer que a gente cante onde houver pessoas necessitando daquela palavra na nossa canção, e isso só Ele pode saber. Então, chega de escolher... É preciso ir onde o Senhor quiser que a gente vá.

Tratamento

Na viagem de volta dos Estados Unidos, já dentro do avião com destino a Belo Horizonte, minha filha voltou a dizer que Jesus a tinha curado. Ela disse: "Mamãe, Jesus já me curou, mas eu ainda vou ter de tomar mais um pouquinho de injeção". Ou seja, ela sabia que teria de fazer o tratamento. Na sequência, ela vira para mim e diz: "Papai, agrada a Deus". Fiquei chocado de ver uma criança tão pequenina sendo usada por Deus.

Lá, nos Estados Unidos, os médicos disseram que temos excelentes especialistas no Brasil, e estávamos confiantes em continuar o tratamento aqui.

Em Belo Horizonte, Brendinha foi internada no Hospital Mater Dei, onde fez tratamento de fevereiro até junho de 2012, quando decidi transferi-la para o Sírio-Libanês, em São Paulo. No dia em que deu entrada no hospital mineiro, ela fez mais duas transfusões, e a previsão era de que o tratamento demorasse mais de dois anos.

No Mater Dei, o responsável pelo tratamento era o doutor Gilberto Ramos, hematologista que atua nessa área há quarenta anos. Por ser muito bem-humorado e também muito brincalhão, ele divertia a Brendinha para que ela não percebesse tanto o peso do tratamento a que estava sendo submetida; mas, mesmo assim, ela reclamava das enfermeiras, que estavam "sempre 'botando' agulha".

Às vezes, o dr. Gilberto se estressava comigo... Quando eu exagerava nos meus "pitacos" e na quantidade de perguntas para tentar saber tudo sobre os medicamentos aplicados na minha filha, ele virava pra mim e dizia: "Então, eu arrumei um assistente! Regis, você quer ser médico?".

Houve uma internação que durou 28 dias; foi quando entraram com os corticoides. No início, isso pareceu bom, porque aumentava o apetite dela. Ela fazia quatro refeições por dia e, de tanto comer, ficou até mais cheinha. A parte ruim é que essa medicação altera o humor, deixando a pessoa agressiva. Às vezes, quando eu chegava no quarto, ela me lascava cada tapa! Fazer o quê? Ela tem gênio forte, o remédio altera o humor, e eu já sabia que esse era um dos efeitos colaterais do corticoide. A reação dela me entristecia, mas a parte boa é que ela se alimentava muito bem. Quando cortaram esse medicamento, ela perdeu o apetite.

Deus sabe como aperta meu coração ver a Brendinha doente. Dói demais em mim e na Kelly acompanhar a sequência de internações da nossa filha, passando pelas diferentes fases da quimioterapia e por uma sucessão de exames de sangue, mas sei que Deus tem um plano para a minha casa. Por isso oro e clamo ao Senhor quando estou necessitado e aflito.

Nesta fase que estou vivendo, os versos de "Tu podes", canção gravada no meu mais recente CD, *Tudo novo*, têm ocupado a primazia na minha vida. Acho que as músicas são como filhos: o carinho é igual, não se pode ter preferência, e, para mim é muito difícil escolher as favoritas. "Faz um milagre em mim", sem dúvida, abriu as portas para o meu ministério, mas, hoje, "Tu podes" tem sido minha prioridade.

11

O sonho e as armas

O que eu não posso fazer, Tu podes.
A mudança que eu preciso, Tu podes.
O milagre que eu espero, Tu podes.
Senhor, vem me socorrer.
O meu milagre, Senhor, eu tomo posse.
A cura que eu preciso eu tomo posse.
A minha bênção, Senhor, eu tomo posse.
Abro as mãos para receber.

Versos da música "Tu podes",
do CD *Tudo novo*

Lançado em dezembro de 2011, *Tudo novo* é o meu mais recente trabalho musical, lançado pela MK Music. Em outubro desse mesmo ano, quando eu estava gravando o disco, tendo já escolhido o repertório, a Flávia, uma irmã muito amiga nossa, teve um sonho.

Flávia e seu marido, Wellington, são membros da Igreja da Lagoinha, de Belo Horizonte. O casal havia participado de uma oração na minha casa e, no dia seguinte, ela ligou para a minha esposa contando que tivera um sonho muito estranho. Disse que, no sonho, tentava chegar à nossa casa, mas havia um monte de demônios impedindo seu caminho. Com muito custo, conseguiu se aproximar da porta e perguntou para a Kelly: "Tem alguém aí?". Minha esposa respondeu que não, mas a Flávia não se convenceu disso. Quando entrou, disse que viu um homem de branco, segurando a mão de uma menina, que parecia ser a Brendinha. Quando percebeu que o homem de branco carregava um pote de vidro, ela lhe perguntou: "O que é esse pote de vidro?". E o homem lhe respondeu: "É a cura. Mas, antes, tenho de buscar alimento e já volto, porque é o que está faltando... Enquanto isso, peguem essas armas para guerrearem".

Minha esposa não entendeu imediatamente a mensagem do sonho que Flávia lhe contara, mas procurou encontrar um sentido; chegou a dizer que talvez tivesse alguma coisa a ver com as músicas do *Tudo novo*, que falam de cura e milagre, como nos versos "O que eu não posso, Tu podes", e o assunto parou por aí. Na verdade, o assunto pode ter parado, mas os desígnios de Deus fizeram com que aquelas palavras da Flávia ficassem bem vivas dentro de nós. Depois do diagnóstico de leucemia tivemos certeza de que Flávia tivera um sonho profético, no qual o "alimento" significava a palavra de Deus e as "armas" eram o jejum e as orações. Era isso o que estava faltando na minha casa. Eu estava cantando, pregando a palavra de Deus, mas faltava ler mais a Bíblia. Eu tinha de buscar mais a Deus, jejuar mais e orar mais.

Não tem jeito certo ou errado de orar

Mais ou menos um mês antes do sonho da Flávia, em setembro de 2011, sempre que nós orávamos em casa, Brendinha o fazia de um jeito que chamava a nossa atenção. "Jesus, cura minha vida. Jesus, cura eu. Sai todo mal, em nome de Jesus" – era assim que ela orava.

Minha esposa a repreendia; dizia que aquele não era o jeito certo de orar e que, quando a gente ora, deve pedir a Deus para abençoar as outras pessoas... Mas quem diz que Brendinha obedecia? Na próxima vez que ia orar, lá estava ela repetindo: "Jesus, cura eu. Jesus, cura eu".

Quando isso acontecia, nós nos sentíamos incomodados. Hoje, porém, sabemos que ela, quatro meses antes de ser diagnosticada, já pedia uma cura a Deus. Desde aquele tempo ela já sabia que precisaria da ajuda d'Ele e, mais do que isso, já tinha certeza de que Ele a ajudaria. Tanto que, nos Estados Unidos, ela já dizia: "*Tô* podre, mas não vou morrer".

Planos de Deus

Eu sempre soube que Deus teria planos para a vida de Brendinha, pois, mesmo tão nova, já esteve em perigo duas vezes e sua vida fora salva... E, agora, não será diferente.

No início de 2009, Kelly foi atropelada por uma moto, lá em Passos, após ter saído do carro para atravessar a rua... Ela estava grávida de cinco meses, mas, graças a Deus, não aconteceu nada: só um susto e um machucado na canela.

Um mês depois disso, eu estava gravando o DVD da Mara Maravilha, em São Paulo, como produtor musical. Depois de terminar o trabalho naquele dia, mais ou menos às oito da noite, Kelly e eu fomos passear no shopping e, em seguida, pegamos a estrada de volta.

Chegamos em Passos às duas da madrugada. Ia entrar com o carro na garagem da casa onde moravam meus pais, numa rua pacata, mas, como não achei o controle remoto, desci para apertar o interfone. Nesse mesmo momento, Kelly também saiu para ver se o controle havia caído no piso do veículo.

Ela estava com a mão apoiada na porta e a cabeça abaixada, olhando para baixo à procura do objeto, quando surgiu um carro em alta velocidade, dirigido por um rapaz que gritava alguma coisa que eu não conseguia entender. Só deu para perceber que ele queria bater no carro da gente. De propósito. No momento, fiquei sem reação, não gritei nem para alertar Kelly, que acabou sendo arremessada para longe com a força da colisão. A pancada também amassou a porta do carro. O rapaz, que estava bêbado, queria brigar comigo. Chamei a polícia, fizeram o teste do bafômetro e ele foi preso.

O doutor Flavio Ferreira, de Passos, irmão da igreja e amigo nosso, levou minha esposa para o hospital, enquanto eu resolvia as questões burocráticas com a polícia.

Em seis meses de gravidez, foram dois atropelamentos: um de moto e outro de carro. Ambos num curto espaço de tempo, muito próximos um do outro. E tudo em Passos.

Tanto no primeiro acidente como no segundo, Deus falou para mim: "Eu tenho um plano maravilhoso para a vida dessa criança". E eu não tenho dúvida disso. Brendinha, que nasceu em março de 2009, prematura de sete meses, é uma guerreira!

Um projeto adiado

Neste ano de 2012, participei de dois grandes eventos no Rio de Janeiro: o Louvorzão, na sexta-feira da Paixão, que reuniu cerca de 200 mil pessoas, e a Marcha para Jesus, que saiu da Central do Brasil, passando pela Avenida Presidente Vargas, e foi acompanhada por mais de 300 mil fiéis.

Quando me perguntam sobre a emoção de ver tanta gente cantando comigo, respondo que, com certeza, não sou eu o responsável por isso; quem faz tudo acontecer é Deus, que quer fazer o congraçamento por meio dessa canção. Ele nos usa por misericórdia; com a nossa música, muitas vidas estão sendo alcançadas, para a glória de Deus.

Depois, em junho de 2012, participei do Canto pela Vida, em São Paulo, um encontro promovido pela Rádio Vida, que incentiva a doação de medula, gesto muito importante para pessoas que estão passando por uma situação parecida com a minha. Também dou o meu apoio aos eventos promovidos pelo Hemominas, de Belo Horizonte.

Já declarei que pretendo ajudar instituições que tratam de crianças com câncer. Vou gravar um DVD e doar tudo o que ganhar com direitos autorais. Primeiramente, iríamos gravar no Parque de Exposições Camaru. Estava tudo certinho, as participações especiais, a infraestrutura, mas o projeto foi adiado para 2013. De qualquer forma, a ideia de ajudar essas instituições continua acesa em meu coração. Se, para nós, que temos plano de saúde, a situação já é tão difícil, para uma pessoa que não tem condições de pagar o tratamento é muito pior. Só quem passa por um problema sério de doença na família sabe a dor que estou sentindo. Como Deus sabe que eu não queria fazer um DVD sem a participação da minha filha, Ele vai preparar esse momento para quando a família toda puder estar reunida para a gravação.

A curto prazo, minha prioridade absoluta é acompanhar a cura da minha filha. Meu foco total é a Brendinha. Quero ficar com ela durante todo o tratamento, sempre dando força. Creio que o restante da obra de Deus, como a gravação desse DVD, virá na hora certa, no momento exato. A obra é d'Ele, não minha.

Eu mudei todo o meu modo de pensar e de agir depois do que aconteceu com a minha filha. Como diz a música: "A mudança que eu preciso, Tu podes". Antigamente, eu cantava, mas não vivia essa mudança.

Antes de tudo acontecer, minha esposa me dizia: "Você tem que mudar esse jeito, Regis". Meu filho também me falava: "Pai, você precisa ser mais maleável, deixar de ser tão radical". Eles tinham razão. A verdade é que sou mesmo meio radical, e um pouco severo na aplicação de castigo nos filhos.

Um dia, meu amigo Wellington, marido da Flavia, que teve aquele sonho profético que já contei, afirmou que ninguém conseguia me mudar, nem mesmo a Kelly e o Bruninho, com todos seus esforços... E concluiu: "Mas, olha só: Deus te mudou".

Salmo 128

Tenho tentado fechar todas as brechas e procurado servir a Deus da maneira que Ele quer, fazendo Sua vontade. Tenho vivido muito o Salmo 128, que diz assim:

Feliz aquele que teme a Deus, o Senhor,
e vive de acordo com Sua vontade.
Se você for assim, ganhará o suficiente para viver.
Será feliz e tudo dará certo para você.
Em casa, a sua mulher será a parreira que dará muita uva.
E, em volta da mesa, os seus filhos serão como oliveiras novas.
Quem teme ao Senhor certamente será abençoado assim.
Que lá do Monte Sião, o Senhor o abençoe.
Que em todos os dias de sua vida,
você veja o progresso de Jerusalém.
E que você viva para ver os seus netos.

Esta última frase, que está na Bíblia NTLH – ou seja, a Nova Tradução na Linguagem de Hoje –, fala muito comigo. Em outras versões da Bíblia, está escrito: "E que você viva para ver os filhos dos seus filhos". Mas, na Bíblia NTLH, a mensagem é mais direta. Sou um homem de fé. Para superar os momentos de aflição, eu me apego na fé e encontro forças em Deus. Eu canto em louvor a Ele; "O milagre que eu espero, Tu podes". Mas, mesmo assim, tem horas em que sofro demais. Então, me lembro da promessa que Deus fez para a vida da Brendinha e me sinto reconfortado, porque o nosso Senhor não é homem que minta nem filho de homem que se arrependa. O ser humano, sim, é capaz de prometer e não cumprir, mas Deus é fiel. Assim, tenho orado e profetizado que viverei para ver meus netos, os filhos da Brendinha e os filhos do Brunninho, porque Deus me garantiu isso.

12

A família é um presente de Deus

Sei que os meus filhos crescerão
e terão as bênçãos de Tuas mãos.
Minha descendência vai a Ti obedecer
e frutificarão pela fé, eu posso ver!
Deus da família, abençoe o meu lar.
Deus da família, vem minha casa edificar.
Faça morada eterna em nossos corações,
Deus da família, és o Deus do nosso lar.

Versos de "Deus da família", música que tem a
participação de Brenda e está no CD *Tudo novo*

É Deus quem dá o título para cada um dos meus CDs. É por isso que nem sempre pego a música de trabalho para ser o nome do disco. Por exemplo, no CD *Compromisso*, a música de trabalho é "Faz um milagre em mim", mas o título do álbum se refere ao compromisso que fiz com Deus de adorar o Senhor, de orar e de fazer a Sua vontade. O nome do meu último trabalho é *Tudo novo*, embora a música mais forte seja "Tu podes". Esse disco representa um novo de Deus na minha vida, nova cidade, nova igreja e nova gravadora.

Mudei com minha família de Uberlândia para Belo Horizonte porque meu filho recebeu um convite para jogar futebol no time infantil do Cruzeiro, em 2011, quando tinha 12 para 13 anos de idade. Como ele passou no teste e eu sou muito família, tomei a decisão de não deixar ele ir sozinho para lá.

Ele é bom de bola. Foi federado com 9 anos e, aos 10, já viajou para disputar o campeonato mineiro, em Belo Horizonte. Eu não perdia um jogo dele, sempre torcendo muito. Ele já foi campeão de futebol de salão pelo Olímpico Clube. No futebol de campo, atuando como meia-atacante do Cruzeiro, disputou torneios no interior de São Paulo e o campeonato mineiro, no qual fez oito gols, além de ter participado do sul-americano, vencendo a equipe sub-15 do Uruguai.

No início de 2012, porém, todos os meninos que estavam no Cruzeiro desde o ano anterior foram dispensados. Por isso, ele foi para o Gol Brasil, do Alexandre Farias, presidente do América Futebol Clube. O Gol Brasil é um time de empresários que manda jogadores para fora do país, principalmente para a Europa.

Como havíamos nos mudado justamente porque o Brunninho estava jogando no Cruzeiro e ele acabou saindo do time, cheguei a indagar por que tínhamos ido para Belo Horizonte. Mas Deus sabe de todas as coisas e tem um plano para a vida do meu filho também. O Brunninho gosta tanto de futebol que, às vezes, emenda até três jogos no mesmo dia. Tenho o sonho de vê-lo, um dia, com a camisa da Seleção Brasileira! Sonho de pai, eu sei, mas sei também que ele tem talento.

Obra de família

A participação da minha família em meus discos é muito importante. Eu canto o que vivo e vivo o que canto. Primeiro, vem Deus, depois, a família, e, em terceiro lugar, meu ministério. Em meu primeiro CD gospel, *O meu Deus é forte*, incluí a foto de todos. No segundo, *O melhor que eu tenho*, Brunno canta com o Coral Infantil de Uberlândia uma música que fala do relacionamento entre pais e filhos e, na canção "Eu quero cem vezes mais", faço dueto com a Kelly, que compôs o sucesso "Faz um milagre em mim" em parceria com Joselito.

Minha mãe, dona Ziza, canta e também compõe. No DVD *Faz um milagre em mim*, gravado na casa de espetáculos Via Show, em São João do Meriti, na Baixada Fluminense, eu divido o microfone com ela na interpretação de "Corpo e família" e também faço um dueto com a Kelly em "Vem me consolar".

Já no álbum *Família*, conto com a participação vocal da minha esposa em "Dupla honra". Brendinha faz uma oração na música "Deus da família", do álbum *Tudo novo*, e também canta um pedacinho – desafinadinha, mas com unção.

Igreja Getsêmani

Depois que nos mudamos para Belo Horizonte, passamos a fazer parte da Igreja Batista Getsêmani, do pastor Jorge Linhares, conhecido no Brasil inteiro. Eu já visitava esse ministério desde 2004, quando estava começando meu ministério com o disco *O meu Deus é forte*. Naquela época, eu costumava perguntar ao pastor se poderia cantar algumas músicas na sua igreja, e ele sempre abria a porta com o maior carinho, com muito amor, e eu saía de lá sorrindo.

Hoje, entendo a lei da semeadura. O pastor plantou e agora sou eu quem está lá, como dizimista fiel, ofertando naquela mesma igreja. A lei da semeadura é um princípio da justiça de Deus, estabelecida para todos os homens, principalmente para os seus servos. Assim, quem semear coisas boas colherá coisas boas. Pode até demorar, e muitas vezes há quem se canse de esperar, mas Deus é fiel à Sua Palavra, e a boa colheita sempre vem.

Minha família e eu fomos muito bem recebidos na Getsêmani, onde nos sentimos como se estivéssemos em nossa própria casa. Foi lá que, em dezembro de 2011, fiz o lançamento do *Tudo novo*. Na ocasião, o pastor Jorge Linhares estava nos Estados Unidos, mas ele conversou comigo por telefone e abençoou esse novo trabalho.

Nova gravadora

Com esse CD praticamente pronto, negociei o contrato de distribuição. Algumas gravadoras me ofereceram um dinheiro alto, mas acabei assinando com a MK Music, de coração, sem pedir adiantamento algum. Fechei na direção de Deus.

Já fui questionado por ter dito, certa vez, que "gravadora prende até a alma" e, às vezes, me perguntam como eu lido com essas pressões do mercado fonográfico. A resposta é simples: se a gravadora te dá 1 milhão de reais, ou 2 milhões, automaticamente vai prender até sua alma – sim, porque não vai deixar que você saia de lá enquanto não pagar essa dívida.

Eu optei pela MK Music sem ganhar nada justamente para não ficar preso até a alma. Não tenho nada contra a Line Records, que pertence à Igreja Universal do Reino de Deus e faz a distribuição de meus discos anteriores. Pelo contrário, eles foram um instrumento de Deus para abençoar a minha vida. Tenho um carinho muito especial pela Igreja Universal. Quando comecei em meu ministério, eles abençoaram muito. Ocorreu apenas uma mudança de gravadora.

Depois que assinei o contrato com a MK Music e com a presidente da gravadora, Yvelise de Oliveira, recebi um suporte muito bacana, inclusive nos Estados Unidos, durante a hospitalização da Brendinha. Levaram para conversar comigo várias pessoas que tinham enfrentado o mesmo problema que eu, incluindo uma médica brasileira, cujo filho também teve leucemia e está curado. Estou feliz na MK, onde sinto muita paz.

A base do meu canto

A carreira na música gospel é muito diferente da barra que enfrentei no meio secular, no qual os compromissos profissionais, em geral, não são compatíveis com família. Não dá, por exemplo, para fazer um show em casas noturnas e levar mulher e filhos com você para saírem juntos depois... Cantando música gospel, pelo contrário, eu participo de eventos evangélicos bem bacanas, aos quais vou para cantar, mas levo a família comigo. Vou com esposa e filhos e, depois que canto, aproveitamos para passear e nos divertir juntos. Agora, neste momento, não estamos conseguindo manter essa prática, mas sempre fazíamos isso e, com a graça de Deus, logo mais voltaremos a fazer.

No Brasil, compositor não vive se não fizer muitas composições por ano. Tem de ficar produzindo cada vez mais, porque, aqui, a música é descartável. É diferente dos Estados Unidos, e ainda mais diferente do que aconteceu com "Faz um milagre em mim", uma música que ficou tocando três anos direto em todas as rádios. Aqui, o máximo que uma música dura é três meses. Depois que eu me converti ao evangelho, em 2000, parei de compor para o Só Pra Contrariar e para tantos outros cantores e artistas seculares. Muitos disseram que eu estava louco, mas eu dizia: "Estou louco por Jesus". Por isso, eu canto a família e prego a família, que é a base de tudo.

13

Amizade, uma dádiva do Senhor

O homem de muitos amigos deve mostrar-se amigável, mas há um amigo mais chegado do que um irmão.

(Provérbios 18, 24)

Saí de casa com 15 anos, morei em São Paulo e viajo muito, mas o meu sotaque mineiro eu não perco de jeito algum. Curto muito o processo de criação da obra de Deus e os detalhes que vou alinhavando em cada novo trabalho musical. Também sempre gostei de jogar bola nos momentos de lazer, além de disputar partidas de video game, promovendo campeonatos durante as viagens para shows, ou mesmo em casa, com a participação do meu filho Brunninho.

Jogar futebol, aliás, também é uma forma de trabalho social que faço e da qual participo, com objetivo de arrecadar fundos para diversas entidades como, por exemplo, o

Hospital do Câncer, em Passos. Nesses jogos beneficentes, a colaboração dos amigos tem importância fundamental.

~

Faço questão de agradecer aqui, do fundo do coração, aos meus amigos, pelo apoio que têm me dado e pelas orações que fazem, pedindo a Deus que cure a minha filha Brendinha. E, neste capítulo, também aproveito para falar do processo de criação musical, avaliando o desenvolvimento da minha carreira.

Desde a adolescência, nunca gostei de formar patotas nem de me enturmar com muitos colegas. Quando eu escolhia um amigo, era aquele com quem preferia cultivar uma amizade sincera e mais profunda. Mesmo em Uberlândia, eram poucos os amigos que eu levava até minha casa, para conviver com a minha família.

Em minhas festas de aniversário, sabe o que eu gosto de fazer? Botar um chinelão, uma bermuda, fazer um churrasquinho para os amigos íntimos, para a minha família, e só. Assim, dá para conversar e dar atenção para todo mundo que está ali. Não gosto daquele tipo de festa que se faz para dividir atenção com um monte de gente. Sempre gostei de ter ao meu lado os verdadeiros amigos.

Companheiro de viagem

O Vandinho, que me evangelizou e que é um companheirão de longo tempo, sempre tem uma palavra de conforto para me oferecer. Um dia, quando a Brendinha não estava bem, ele foi me acordar lá no meu quarto, abriu a Bíblia e começou a profetizar uma palavra de Deus que tocou meu coração, me apaziguou e me fez sentir a presença do Espírito Santo. É muito importante ter uma amizade que nos fortalece e cresce mais a cada dia.

Nós jogamos bola juntos desde o tempo do Só Pra Contrariar. Era eu quem organizava o futebol nas excursões que fazíamos pelo Brasil. Na hora em que eles marcavam um show em qualquer lugar, eu já ligava para os contratantes e dizia: "Prepara um lugarzinho para a gente bater uma bolinha". Até chegou a acontecer de eu esquecer o sapato que eu iria usar no show, mas as minhas chuteiras sempre estavam lá comigo.

~

Quando ainda morava em Uberlândia, Vandinho e eu também jogávamos bola no sítio que comprei 14 anos atrás. Lá, construí um campo, com irrigação eletrônica, e mantive a casa bem rústica, como já existia – uma moradia de roça mesmo. Só troquei o piso e fiz um fogãozinho de lenha. É um lugar muito simples, sem barulho, aonde eu gosto muito de ir para descansar e ficar só escutando os passarinhos.

Não tenho mais viajado para lá depois que mudei para Belo Horizonte, e, ainda mais, por causa da enfermidade da Brendinha. Todo o tempo em que não estou fazendo shows, eu fico ao lado dela.

Convidei o Vandinho para viajar comigo depois que comecei a carreira na música gospel. Foi a minha esposa quem me deu a sugestão, quando formei uma banda para me acompanhar nas apresentações. Achei uma ótima ideia e chamei o Vandinho. Gosto muito dele, gosto das nossas conversas. Se estou passando por um problema, ele sempre me dá uma palavra abençoada.

Deus é quem capacita

Na época do Só Pra Contrariar, eu era músico, compositor e também fazia backing vocal. De repente, Deus me colocou na frente de tudo. Como sempre fui muito tímido, indaguei: "Meu Deus, o Senhor quer mesmo isso para mim? Não sei falar direito, meu português é ruim e eu não estudei". Mas é o Senhor quem capacita. Ele chama aquele que parece que não é e faz ser, como aconteceu com Davi diante do gigante Golias. Deus convoca aquele que é pequenino e o torna capaz de vencer.

Joselito, meu parceiro musical, amigo e irmão de fé, não era compositor. Por meio da minha vida, ele recebeu essa unção. Trabalhava com eletrônica, com bombas injetoras, e Deus já tinha lhe revelado uma visão depois que ele me conheceu em Passos, no início da minha conversão. Então, Joselito aprendeu o estilo melódico que eu gosto de fazer – porque a melodia é algo muito pessoal – e foi conseguindo achar o meu estilo. Com o Peninha, outro parceiro de composições, eu fazia a melodia e ele colocava a letra.

Tenho muita afinidade com a melodia, mas Deus me capacitou com relação à letra também. Eu recebo músicas de muitos compositores, mas dificilmente elas se enquadram no meu estilo. Mandam pela internet, mandam para o escritório, por e-mail. Eu ouço todas, mas é difícil encontrar uma que se encaixe.

Parceiro de juventude

O Luiz Cláudio foi um grande parceiro na minha juventude, época em que eu era o rei das brincadeiras. Nas viagens, eu fazia muita bagunça. Nos hotéis, trocava os recipientes de sal e de açúcar. Também cheguei a pegar extintor de incêndio, a bater com o tubo na porta e acionar o jato. Hoje, me arrependo, porque essa é uma brincadeira boba, e aquele produto é tóxico.

Conheci o Luiz Cláudio em São Paulo no tempo da dupla Regis & Raí, e, depois, fui morar com ele nessa cidade. Interessante que, já em nosso primeiro encontro, ocorrido em Mococa, fizemos uma música. Tínhamos facilidade para compor juntos. Era só pegar o violão.

Foi um ótimo parceiro no meio secular. Hoje, não trabalhamos mais juntos, porque agora eu componho música evangélica. Ele faz um belo trabalho sertanejo, e fiquei muito feliz ao participar do DVD *Mistérios do coração*, lançado por ele em 2011. Cantamos em dueto uma música dele muito bonita, cujo refrão diz que Jesus é a luz no fim do túnel, a "luz da salvação". É como eu disse no próprio DVD: "Tem amigo que é mais chegado que irmão".

O Luiz Cláudio me ajudou muito. Em todos os meus discos, gravei voz lá na casa dele; ele sempre cedia seu estúdio para mim. Foi uma das pessoas que levei para a igreja. Ele aceitou Jesus na Fraternidade de Deus, do pastor Dorival, a primeira igreja em que congreguei em Uberlândia.

Ele chegou a ser batizado nas águas, mas acabou se afastando da presença de Deus. Agora, tem frequentado uma pequena igreja perto de sua casa. Tem buscado a palavra de Deus, porque está com sede dessa palavra, que nunca volta vazia. E Deus, tenho certeza, tem um plano maravilhoso para a vida dele também.

Minha música é fácil de entender

Quando vou fazer uma produção musical, não gosto de terminar o trabalho rapidamente. Por exemplo, para produzir qualquer um dos meus discos, gastei, em média, de seis a oito meses. Trabalho bem naquele estilo americano, porque os brasileiros fazem um CD em um mês, vinte dias. Mas eu gosto do trabalho com amor. Monto um repertório com cuidado, com muito carinho. Quando entro no estúdio, faço os arranjos, encaixo a voz e, sobrando um tempinho, vou lá e coloco mais um detalhe caprichado.

Tenho até um segredinho nas minhas músicas: no pagode, usava uma mesma sequência harmônica, mas mudava a melodia. Também fiz sertanejo e rock com essa fórmula. Talvez esse segredinho esteja relacionado ao meu sucesso no meio gospel. A minha música é fácil de entender. Tem músico gospel que fica quinze minutos com ministração, e as pessoas que não são evangélicas não gostam, pois não têm paciência para ficar ouvindo.

Deus me deu a direção para fazer uma música sem complicação, com palavras do povão. Melodia simples e refrão fácil de aprender.

~

Não tenho preferência por público, mas cantar para multidões desperta mais emoção. Pode ser em ginásios ou em casas de shows. Acredito que meu maior público foi num show em Brasília, na Esplanada dos Ministérios. Eram milhões de pessoas no aniversário de Brasília, do qual participei por dois anos consecutivos: em 2009 e 2010. A emoção foi grande ao ver todo mundo cantando "Faz um milagre em mim". A marcha para Jesus, em São Paulo, também foi um recorde de público, com mais de 1 milhão de pessoas.

No tempo do grupo Só Pra Contrariar, eu cresci e aprendi algumas técnicas vocais. Também passei a fazer melodias, que, em vez de pagode, eram no estilo "pop-gode". De lá para cá, mudou muita coisa na minha vida, principalmente o meu compromisso com Deus. Só depois de velho é que aprendi mesmo a cantar. Se pegar meu primeiro CD, quando entrei no gospel, é uma coisa. No segundo e, depois, no terceiro, fui melhorando mais um pouquinho. Não me considero um excelente cantor, sou apenas um adorador bastante limitado.

Bola na rede com ações sociais

Além do futebol como forma de lazer, participo de jogos beneficentes com amigos de fé, que também promovem ações sociais. Cito dois: o Bebeto, tetracampeão mundial com a Seleção Brasileira em 1994, que é um grande amigo e irmão, um homem de Deus, com um caráter extraordinário, e o Edmilson, pentacampeão na Copa de 2002.

Em uma das partidas que fizemos para o Hospital do Câncer de Passos, conseguimos arrecadar mais de 100 mil reais para a instituição. No final de 2011, o Alexandre Pires também organizou uma partida em Uberlândia, em que joguei ao lado do Neymar, o craque do Santos. Apesar de eu ser ruim de bola, marquei um golaço.

Outro grande amigo com quem promovi jogos beneficentes é o Ricardinho, ex-jogador do Cruzeiro, de Belo Horizonte. Eu o conheci na minha cidade, Passos. Quando ele também estava de férias, seja do Cruzeiro ou na época em que jogava futebol no Japão, a gente se encontrava em janeiro e ia para o sítio dele jogar bola. Às vezes, a gente marcava um futebol de salão também. Ele e sua esposa, Adriana, nos ajudaram muito durante a hospitalização da Brendinha nos Estados Unidos, e agora também têm dado muita força para mim e para a Kelly.

Já faz um bom tempo que eu não jogo futebol. Parei desde o início de 2012, e também não fui mais à academia fazer ginástica. Isso porque estou me dedicando a cuidar da Brendinha. Evito sair de casa para não deixá-la sozinha, não acho justo. Só faço meus shows e o que preciso fazer fora de casa, mas não dá nem para a gente passear no shopping, porque minha filha precisa ficar resguardada devido à sua baixa imunidade.

Também gostava de jogar video game, mas parei. Antes, levava o Playstation nas viagens e, em casa, disputava partidas com o Brunninho. Eu reunia alguns amigos, e nós fazíamos uma copinha, em que cada um pegava dois times para jogar e fazer aquela peneira até ver quem disputava a final. O Joselito, quando excursionava com a banda, era "freguês", e levava cada coça de mim...

Minha gratidão por tantas orações

O Fábio, goleiro do Cruzeiro, e sua esposa, Sandra, têm nos dado muito apoio, fazendo orações pela cura da Brendinha e visitando-a no hospital, assim como o meu pastor

Jorge Linhares, que também promove cultos na Igreja Getsêmani para o restabelecimento da minha filha.

Outro casal que tem prestado grande ajuda é o Wellington e a Flavia, da Igreja Lagoinha de Belo Horizonte. Para mim e para a Kelly, eles são o nosso braço direito, colaborando em tudo que precisamos. Ficaram com a Brendinha no hospital e, antes da enfermidade, já cuidavam da nossa casa quando tínhamos de viajar.

Quando eu ainda morava em Uberlândia e precisava fazer apresentações em Belo Horizonte, cheguei a passar um mês na casa deles. Foi o Joselito quem me apresentou ao casal. Os dois me acolheram muito bem, e foi um período bem gostoso. Agora, depois que eu e minha família nos mudamos para Belo Horizonte, estreitamos ainda mais os laços de amizade.

14

A importância de levar a palavra de Deus aos programas de TV

Entregue sua vida para Jesus,
Ele é poderoso, Ele é a Luz.
(...)
Tem para você vitória, tem a salvação.
Vem, Cristo é vida, quer te dar unção.
A porta está aberta para você entrar,
Cristo é vitória, quer te libertar.
Jogue fora tudo que te faz sofrer,
Cristo é alegria hoje para você.

Versos da música "Entregue sua vida", gravada para o
primeiro CD, *O meu Deus é forte*

Participei do *TV Xuxa Especial de Páscoa*, transmitido pela
Rede Globo. Na ocasião, dei cópias do meu CD *Tudo novo* para
os convidados do programa, que, além do padre Marcelo Rossi,
reuniu a cantora Damares e o padre Fabio de Melo. Também
presenteei a Xuxa e o pessoal da produção com o disco.

O diretor do programa, Mário Meirelles, foi me cumprimentar antes da gravação, compartilhando sua alegria de me receber lá. A atração foi ao ar na véspera da Páscoa.*

Na abertura do programa, cantei a música "Tu podes" e, em seguida, a apresentadora elogiou minha conduta e pediu a Deus que me desse muita força para enfrentar a enfermidade da Brendinha, que luta contra a leucemia. Agradeci pelo carinho e afirmei que não tenho dúvida da vitória. A cada dia, Deus oferece conforto para mim e minha esposa Kelly, além de cuidar da Brendinha, que é escolhida do Senhor. Muitas vezes, quando os médicos falam que não tem mais jeito ou que só por milagre ela será curada, temos de acreditar e confiar, porque Deus pode todas as coisas.

Ministrei um testemunho sobre minha filha: "A cura é com o tempo, mas o milagre é agora. Eu vivo o milagre de Deus. É o que eu canto". Mas, como a própria apresentadora falou, dói ver uma filha doente.

Dói demais acompanhar o tratamento da Brendinha, que tem como base diferentes fases de quimioterapia, com realização constante de exames e transfusões de sangue. Minha esposa e eu, porém, passamos pelo deserto dando glória a Deus, dando aleluia. Porque o Senhor não nos deixa faltar nada.

Aprendi a dar mais valor à vida e, como disse no programa, quero que Deus me ajude a montar uma instituição destinada a atender pessoas que não têm condição de fazer um tratamento contra o câncer.

A Xuxa declarou que "Faz um milagre em mim" é uma das músicas mais bonitas que já ouviu na vida. Ela chamou o padre Fábio de Melo, a cantora Damares e o padre Marcelo Rossi para o palco e, no encerramento, cantamos em

---

* Programa *TV Xuxa Especial de Páscoa*, gravado no dia 14 de março de 2012 e transmitido no dia 7 de abril, pela Rede Globo.

quarteto a música que quebrou todas as barreiras. A plateia, formada por adultos e muitas crianças, participou dos vocais, como um coral abençoado. E, antes de começarmos a cantar, fiz a seguinte introdução: "Peça para o Senhor fazer um milagre em sua vida, porque, hoje, a salvação entra na sua casa".

Dez dias antes da gravação do especial da Xuxa, fui homenageado no programa de televisão da apresentadora Eliana, transmitido pelo SBT, no qual também falei sobre o estado de saúde da Brendinha no quadro "História de Vida", que apresentou depoimentos de meus familiares e amigos.[*] Abri o programa cantando "Tu podes", e mostrei total confiança nos desígnios de Deus para vencer a leucemia da minha filha.

"A Brendinha é uma profeta de Deus, porque o Senhor usou a boquinha dela para falar que estava podre, mas que não ia morrer", eu disse à apresentadora. "Minha filha disse isso antes de descobrimos sua enfermidade."

"Deus não permitiu que a Brendinha morresse, porque tem um plano para a vida dela", eu disse à Eliana. "Tenho feito a obra de Deus com tanto amor porque Ele me deu uma chance, e a Brendinha será curada, em nome de Jesus."

O programa prosseguiu, relatando as diversas etapas da minha carreira, falando do meu ministério de louvor e, durante sua exibição, manteve altos índices de audiência, deixando o SBT em segundo lugar no ranking do Ibope de todo Brasil. Emocionei-me ao ouvir meu irmão Daniel, que

---

[*] Programa gravado no dia 16 de fevereiro de 2012 e exibido no dia 4 de março.

gravou um CD e vai deixar de trabalhar comigo para ter seu próprio ministério, e minha irmã Tânia, que mora em Passos, lembrarem algumas histórias da nossa infância. E também fiquei emocionado ao ouvir a Kelly falando do início do nosso namoro, do casamento, e dando um testemunho forte sobre a Brenda. As declarações do meu filho Brunninho e dos meus pais também mexeram muito comigo.

Além da emoção, os depoimentos também me deram a oportunidade de me desculpar, principalmente com Babe Grilo, grande músico de Passos, com quem aprendi muito. Depois de ouvir seu depoimento, aproveitei para lhe pedir perdão por algumas brincadeiras maldosas que fiz. "Me perdoe, em nome de Jesus. Hoje, sou um homem transformado, sou um homem de Deus", eu disse a ele.

No telão, também revi amigos que tanto me dão apoio neste período de luta e atribulações, como o Fábio, goleiro do Cruzeiro e um grande homem de Deus, que conheci em 2011, quando procurava casa para morar em Belo Horizonte, o pentacampeão mundial Edmilson, um irmãozão que participou de jogos beneficentes comigo em Passos e, recentemente, me ofereceu sua casa em Barcelona caso eu precisasse levar minha filha para se tratar no exterior, e o Luiz Cláudio, querido parceiro na música e na minha história de vida.

Ainda no palco do SBT, reafirmei o compromisso de fazer a obra do Senhor com muito amor e extrema qualidade, ordem e decência, para servir de exemplo a muitos pregadores da palavra de Deus e também a muitos cantores que fazem sua obra de maneira meio relaxada no Brasil. Atendendo a um puxãozinho de orelha de Jesus, estou fechando todas as brechas, a fim de evitar os ataques do mal; quero ver a minha família servindo ao Senhor a cada dia.

15

A cura a cada dia nos braços do Senhor

Quero entrar em Tua presença,
viver em santidade,
me encher do Teu Espírito, Senhor.
Quero ter experiência e mais intimidade,
mergulhar no Teu rio eu vou...

Eu vou,
vou mergulhar
no Teu rio de amor.

Versos de "Vou mergulhar", música que Regis Danese
cantou no Viva Vida, em São Joaquim da Barra, ao
lado de seu tio Geraldinho

O clamor de orações pela cura da Brendinha continua a
mobilizar muita gente. Recebo o apoio de parentes, de amigos e de muitos outros irmãos de fé. Mantive de pé a agenda
de shows, nos quais sempre glorifico e louvo o nome de Jesus,
como ocorreu no evento Viva Vida. Sofri muito no período
em que a Brendinha foi internada em estado grave na UTI,
depois de vomitar sangue sem parar. Mas, graças a Deus, ficou tudo bem, e minha filha voltou para casa sorrindo.

O mês de junho de 2012 trouxe novas provações, mas, enfim, foi mais uma etapa vencida, com a graça de Deus. No dia 1º, véspera de dois shows marcados no interior de São Paulo, a Brendinha fez três transfusões de sangue. Passei uma madrugada turbulenta. Nessas horas, a gente precisa do apoio dos amigos. Ricardinho e sua esposa foram ao hospital. O Fábio, goleiro do Cruzeiro, e sua esposa, Sandra, ficaram no hospital até de madrugada – sendo que, no dia seguinte, o Fábio tinha que estar na concentração. O doutor Rômulo, que é meu advogado e um homem de Deus, ficou orando até de madrugada pelo restabelecimento da minha filha. O Joselito também orou, e ficou conversando comigo, direto, pelo telefone, para ver se eu conseguia dormir, mas não deu certo. Não consegui pregar o olho. Foi doído demais.

Não cancelei nenhum compromisso da minha agenda do dia 2 de junho, um sábado.

Logo cedo, naquele dia, fui para o aeroporto em Belo Horizonte. Como iria embarcar num voo internacional, que, após escala em São Paulo, seguiria para Buenos Aires, eu sabia que não era permitido transportar líquidos para dentro da aeronave; mas, mesmo assim, na hora de embarcar, meu irmão Daniel e eu passamos com duas garrafinhas de água e um frasco de xampu escondidos.

Aquilo era meu, eu tinha comprado; por isso tinha feito questão de "dar um jeitinho" e passar, mesmo sabendo que não podia. Porém, quando já tinha passado do portão de embarque e estava para entrar na aeronave, o Espírito Santo me incomodou, dizendo: "Volta lá". Então, eu voltei e disse: "Olha, estou incomodado, sem paz, porque driblei a segurança e passei com essas garrafinhas de água e esse xampu, mas vim devolvê-los... Vocês me perdoem".

O funcionário do aeroporto, que estava na esteira, disse: "Gostei da sua atitude. Que Deus te dê paz. Que Deus te dê muita paz".

A frase dele apaziguou meu coração.

Ao desembarcar em São Paulo, liguei para a minha esposa, que me contou o resultado dos exames recém-concluídos da Brendinha: "Ela fez endoscopia e não foi acusado nenhum problema no estômago, apenas uma feridinha perto das cordas vocais, no esôfago, de tanto ter vomitado".

"Graças a Deus, está tudo tranquilo", respondi, convencido de que uma pequena atitude que agrade a Jesus já é suficiente para trazer consequências boas.

Aquele negócio de mentirinha ou mentirona não faz mais parte da minha vida. Isso desagrada a Deus, pois quem mente não vai herdar o reino do céu. Hoje, quero fechar todas as brechas e cumprir os ensinamentos do Senhor.

Festival gospel em tarde de sol

Naquele sábado, dia 2 de junho de 2012, o primeiro show ocorreu à tarde, em Itupeva, em um festival gospel. Pela primeira vez, me apresentei em um parque aquático e, confesso, achei meio esquisito ver o povo de bíquini. Era uma tarde de sol, mas não havia multidão na frente do palco nem dentro da enorme piscina. Foi uma apresentação meio intimista, com menos gente, mas senti uma bênção ao ver o pessoal cantando comigo.

De lá, seguimos para São Joaquim da Barra, cidade que eu já conhecia desde o tempo da dupla Regis & Eder.

Toquei muito naquela região, fazendo o roteiro de barzinhos em Uberlândia e pegando a estrada para um circuito por São Joaquim da Barra e Orlândia, onde até dava para tirar um dinheirinho melhor. Músico da noite tem que rodar muito para conseguir algum rendimento, mas isso, sem dúvida, era muito melhor do que tocar em São Paulo – uma grande ilusão para mim, pois achava que lá ganharia bem, mas vivia em troca do jantar e do almoço. Para fazer esse roteiro de dois shows, aluguei um carro. Antigamente, algum motorista sempre ia nos buscar no aeroporto. Hoje, quando viajo com meu irmão Daniel e o pastor Vandinho, prefiro assim, com carro alugado, porque vamos batendo papo. É mais tranquilo. Às vezes, a gente está com algum problema, precisando conversar, e se há um motorista desconhecido, a gente se inibe... Durante a viagem, lembrei-me da minha juventude. Aos 17 anos, eu tocava guitarra e contrabaixo, e fazia isso bem. Depois, comecei a me dedicar à composição e fiquei só no violão. Eu tocava guitarra com palheta, e aprendi muitas escalas vendo os belos solos do meu tio Geraldinho, que hoje mora em Ribeirão Preto, com sua esposa, a tia Olane, para quem cumpri um propósito com Deus pela cura do câncer da mãe dela.

Viva a vida em família

Chegamos de noite a São Joaquim da Barra para fechar a 7ª edição do Viva Vida. O clamor de orações pela cura da Brendinha tomou conta da sala atrás do palco, onde recebi apoio de pastores, familiares e amigos antes do início da apresentação.

Durante o show, meu tio Geraldinho tocou guitarra, fazendo um longo solo em "Vou mergulhar". Essa música é de autoria da minha mãe, que, durante a minha infância, era cantora da banda desse meu tio, lá em Passos. Foi um momento de congraçamento familiar, com a presença da minha tia Olane e de sua mãe, dona Santa, no fundo do palco.

Glorifiquei a Deus, ministrei o louvor e compartilhei com a multidão de mais de 20 mil pessoas meu testemunho sobre a Brenda, com a certeza de que o milagre já está escrito por Deus. Encerrei aquela noite abençoada pelo Espírito Santo com "Faz um milagre em mim".

Foi uma festa de paz e harmonia (sem a venda de bebidas alcoólicas) para todas as famílias que foram até o Parque de Exposição Tancredo Neves. O evento, com entrada franca, fez parte das comemorações dos 114 anos da cidade.

Depois do show, viajei de carro até Uberlândia para dormir na casa dos meus pais e voltar a Belo Horizonte no domingo, dia 3 de junho.

Internação em estado grave

No dia 1º de junho, a Brendinha havia retirado o cateter. O procedimento foi bem-sucedido, mas ela passou mal durante a madrugada e teve de ser encaminhada para a Unidade de Terapia Intensiva, em estado de alerta. Quando cheguei de viagem, no domingo dia 3, fui visitá-la. Ao encontrar minha esposa, ela me explicou que a situação era grave.

No dia seguinte, liguei para a pastora Ludmila Ferber, mas não conseguimos nos falar. Voltei para o hospital. Mas, vendo a Brendinha naquela situação, falei para Deus

"Essa não é minha filha, papai. Eu não posso fazer nada. Mas Tu podes!". E fui embora para não ver mais a minha filha naquela situação.

No caminho de casa, vi que tinha uma ligação perdida da pastora Ludmila Ferber. Cheguei em casa, e a Kelly estava ouvindo a música "Nunca pare de lutar", na voz da pastora. Pensei comigo: "Meu Deus, que mistério é esse?". Liguei, então, para a pastora. E ela me disse: "Regis, não se esqueça das palavras que Deus soprou no ouvido da Brendinha. Se apega nessas palavras". E aquilo aumentou ainda mais a minha fé. Desliguei o telefone e fizemos uma oração em casa. Logo em seguida, fomos dormir.

Às 5h45 da manhã de terça-feira, dia 5, toca o telefone. Era a Neusa, babá da Brenda, avisando que ela tivera duas convulsões seguidas, travando o seu corpinho. Kelly, desesperada, começou a chorar e dizer "Oh, meu Deus! Oh, meu Deus!". Eu, ainda deitado na cama, comecei a clamar: "O Senhor todo-poderoso está do nosso lado. O Deus de Jacó é o nosso refúgio". Levantei e continuei falando esse salmo, o 46, no qual eu já meditava há muito tempo. E comecei a falar com Deus: "Pai, estamos começando hoje o jejum de Daniel. 21 dias pela vida da Brendinha! E o Diabo está se levantando. O Senhor não pode nos deixar ser envergonhados. A vitória já é nossa pelo sangue de Jesus".

Kelly, então, voltou para o hospital junto com o irmão Andrey, que estava em nossa casa, orando e jejuando conosco. Foi um verdadeiro corre-corre naquela UTI. Parou o hospital. Nessa mesma ocasião, não havia energia elétrica. Kelly e o irmão Andrey tiveram de subir cinco andares pelas escadas para ver a Brenda.

Mais ou menos uma hora depois de muita oração, Brendinha começou a melhorar. Eu sempre acreditei que a última palavra é de Deus!!!

Jejum de Daniel durante 21 dias pela vida da minha filha

Com minha família e irmãos na fé de todo o Brasil e diversos outros países, iniciei o jejum de Daniel pela vida da Brenda no dia 5 de junho, conforme se encontra na Bíblia, ingerindo apenas verduras, legumes e líquidos durante 21 dias. Por meio do Twitter, naquela mesma terça-feira, pedi que meus seguidores também fizessem um jejum pela vida da Brendinha, e postei:

> *Graças a Deus, o susto passou. Brendinha teve duas convulsões, mas já passa bem. É Deus quem está cuidando dela, e a vitória é nossa pelo sangue de Jesus!!!*

No mesmo dia, ainda me reuni com os médicos do Hospital Mater Dei, em Belo Horizonte, para discutir a transferência da minha filha para o Hospital Sírio Libanês, em São Paulo, mas a imunidade da Brenda ainda era baixa. Durante a noite daquele dia 5, em que comecei o jejum e ela tinha sofrido duas convulsões, participei, ao lado do meu pastor Jorge Linhares, do culto da vitória na Igreja Batista Getsêmani, em um novo clamor pelo pronto restabelecimento da Brendinha.

Durante o culto, o pastor Jorge Linhares perguntou quem poderia jejuar por 21 dias, e vários participantes se aproximaram do altar, solidários. Ele também citou o nome de pessoas que acompanhavam o culto pela internet, identificando as cidades de cada uma delas. Nesse momento, tomei a palavra e agradeci à minha igreja e ao meu pastor, dizendo "Aqui não tem artista, sou adorador".

Há diferenças entre cantar música evangélica e adorar a Deus: o artista, o cantor evangélico, sente apenas quando canta, já o adorador o faz em qualquer circunstância. Por exemplo, um dia desses, lá em casa, peguei o violão e fiquei adorando a Deus. Só eu diante do Senhor.

Louvando a Deus pelo milagre

Naquele dia 5, no culto da vitória com o pastor Jorge Linhares, oramos juntos e encerramos o louvor entoando a canção "Tu podes", com os braços erguidos no altar:

Como Bartimeu, eu preciso de um milagre
e só o Senhor pode fazer.
Eu farei o que for preciso
para que ouça a minha voz.

Ainda que tudo se acabe, me resta a fé; por isso, eu vivo hoje o que diz esse CD, que fala de cura, de milagres e de promessas. Eu sei que Deus tem um plano para a minha casa e, no Seu tempo, tudo vai se cumprir. Então, cantamos todos juntos, pastores e fiéis:

O milagre que eu espero, Tu podes.
Senhor, vem me socorrer.

Acompanhamos a evolução do estado de saúde da Brenda durante toda a semana. Não cancelei meus compromissos, mas passei todo o tempo que tinha disponível junto com ela, enquanto a Kelly ficava todos os dias no hospital. Ambos confiantes no milagre.

Alívio e felicidade ao ver Brendinha sorrindo, em casa

Na tarde do dia 9 de junho, contei pelo Twitter que só Deus sabe o que passamos naqueles dias, pedindo que minha filha voltasse a se alimentar:

A vitória é nossa, pelo sangue de Jesus na cruz do calvário. Agora, só está faltando ela comer, depois de muitos dias debilitada, mas a obra de Deus é completa, e o melhor está por vir. Os médicos podem falar isso ou aquilo, mas a última palavra é de Deus!

E, quando ela se recuperou e ficou esperando apenas desocupar um quarto na pediatria para sair da UTI, dei a boa notícia:

A Brendinha saiu da situação de risco. Já tem dois dias que parou de vomitar, as plaquetas subiram e os leucócitos também. Deus é poderoso.

Aproveitei para agradecer a todos, pedindo que continuassem firmes no jejum. Após a alta, o quadro foi melhorando, e, no dia 15, o décimo dia do Jejum, o Senhor nos respondeu, e eu postei no Twitter:

Brendinha já está brincando e acabou de almoçar um prato cheio de beterraba, arroz com feijão, frango e tomate. Ela comeu tudo, graças a Deus.

No dia 18 de junho, transferi minha filha para São Paulo, para fazer exames e prosseguir o tratamento no Hospital Sírio-Libanês. Postei:

Bom dia, guerreiros do Senhor. Uma semana de vitória. Hoje a Brenda chega a São Paulo, e vamos continuar o tratamento. Orem por nós.

E, reafirmando minha fé, prossegui:

Ela está curada, em nome de Jesus, o médico dos médicos, que já nos deu a vitória. Eu creio.

No dia seguinte, quando minha filha se preparava para mais uma etapa do tratamento contra a leucemia, escrevi:

Vamos continuar orando e jejuando pela Brendinha. Amanhã ela toma mais uma químio, e a vitória é nossa, pelo sangue de Jesus.

Dia 20 de junho. Publiquei na internet fotos da Brendinha pronta para mais uma sessão de quimioterapia e agradeci a Deus por ela não ter entrado em coma, apesar de ter ficado em estado grave.

Dia 23 de junho, sábado. A Brendinha saiu do hospital, e eu postei:

Sucesso na fase da quimioterapia. Glória a Deus.

Dia 25 de junho, segunda-feira, postei uma foto em que apareço com Brenda e com a atriz Luiza Valdetaro e sua filha, Maria Luiza, que também faz tratamento contra leucemia no Sírio-Libanês.

Naquele mesmo dia, em casa, comemorei com alegria o fato de ver minha filha fazendo pão com minha mãe, e me lembrei de que, três semanas antes, ela estava internada na UTI, em estado grave.

Com a certeza de que não existe nada melhor do que servir a Deus, pois Jesus sempre está à frente em qualquer batalha da nossa vida, e grato ao exército de pessoas usadas por Deus que se formou para me ajudar a enfrentar esse momento difícil, postei uma nova mensagem:

*Quero agradecer a você que fez o jejum de Daniel pela vida da
Brenda: 21 dias terminando agora, à meia-noite.*

E, no dia 26, ao terminar de escrever este livro, que aconteceu paralelamente a todo esse processo de dor e de fé pelo qual minha família e eu passamos, reforcei o pedido de continuidade nas orações e, exultante, postei imagens da minha filha dando gargalhadas na sala de casa, com a legenda:

Hum! Acabei de comer um pãozinho caseiro delicioso que a Brendinha fez junto com a vovó Ziza. Que delícia! Deus seja louvado.

Acredito que este livro, como um depoimento sincero em defesa da palavra de Deus, tem um papel importante para a valorização da família, que é um verdadeiro presente de Deus; mas já estou pensando em escrever outro: um livro sobre a cura que Deus terá operado na vida da Brendinha. Em nome de Jesus, Amém!

Linha do tempo

João Geraldo Danese Silveira, mais conhecido, desde a juventude, como Regis Danese, nasce em Passos, pequena cidade no interior de Minas Gerais.

1973

Com 3 anos de idade, canta no colo de seu tio Geraldinho, guitarrista e líder da banda Peter's Sons. "O melhor músico da família", como o próprio Regis diz. Morre seu irmão, Otinho, aos 8 anos, por rompimento da artéria femoral, provocando grande trauma em Regis.

1976

Aos 8 anos já aprendeu a tocar violão e começa a participar de festivais de música em sua escola.

1981

Aos 10 anos, vence pela segunda vez consecutiva o festival escolar, com música de sua autoria. Também participa de festivais nos programas de Barros de Alencar e do Chacrinha, que estiveram em Passos – ganhando o primeiro lugar em ambos.

1983

Dos 11 aos 13 anos, apresenta-se em dupla com sua mãe, dona Ziza, em festivais de música realizados em cidades de Minas, como em Carmo do Rio Claro, evento que contou com a participação dos sertanejos Rio Negro & Solimões, de grande renome na música brasileira.

Aos 14 anos, canta em dueto com sua mãe, fazendo a primeira voz e, às vezes, a segunda. Eles se apresentam em palcos, restaurantes, hotéis e festas de casamento. Toca baixo na banda de Babe Grilo, que se apresenta em clubes e festas.

Aos 15 anos, sai de Passos e vai morar em Mococa, interior de São Paulo, depois de ser convidado por Aloisio Maziero para integrar a dupla sertaneja João Geraldo & Maziero, que grava um disco independente e, mais tarde, troca o nome para Regis & Raí.

Aos 17 anos, com a dupla Regis & Raí, assina o primeiro contrato profissional e grava um disco (o antigo LP, ou *long play*) por uma grande gravadora da época, a BMG Ariola, que hoje é a Sony Music.

A dupla faz apresentações na TV, participando do programa do Gugu e do *Clube do Bolinha*, além de shows em cidades de São Paulo e Minas Gerais.

1984 a 1986   **1987**   **1988**   **1989**

Compõe músicas de sucesso gravadas pelo Só Pra Contrariar, faz backing vocal nesse grupo de pagode, viaja por todo o Brasil e também para países da Europa e da África.

Em parceria com Peninha, Luiz Cláudio e Alexandre Pires, compõe hits de sucesso, que venderam mais de 1 milhão de cópias nas vozes dos cantores Belo e Daniel e também foram gravados por artistas como Leandro & Leonardo, Alcione, Elimar Santos, Gian & Giovani, Cristian & Ralf, entre outros.

Aos 21 anos, volta para Minas, sua terra natal, e passa a viver em Uberlândia, onde monta mais uma dupla sertaneja, Regis & Eder, que toca em barzinhos da cidade e roda pela região de Ribeirão Preto, São Joaquim da Barra e Orlândia, fazendo apresentações em clubes e casas de shows.

Inicia grande amizade com o pastor Vandinho Domingues, que estreia no Só Pra Contrariar no show de réveillon da Avenida Paulista, em São Paulo, na virada de 1997 para 1998. Vandinho o evangelizou.

Em 1997, casa-se com Kelly, escondido de todos.

Em 1998, nasce Bruno, seu primogênito.

Desfaz a dupla com Raí e vai tentar a vida em São Paulo, onde toca no circuito de barzinhos e casas de shows e divide moradia com Luiz Cláudio, com quem desenvolve parceria musical.

Conhece Kelly, sua futura esposa.

1991   **1992 a 1993**   **1994**   **1995 a 1999**

Regis se converte ao Evangelho. Ele se recusa a fazer música secular para artistas que haviam gravado e feito sucesso com suas composições.

Monta uma empresa de bombas injetoras, em sociedade com Joselito Garcia. O empreendimento não obteve sucesso.

Frequenta a igreja em Passos e Uberlândia, participa de cultos e busca a palavra de Deus, mas resiste à ideia de iniciar carreira na música gospel.

Lança o primeiro CD: *O Meu Deus é forte*. É indicado para o Troféu Talento como cantor revelação e pelo melhor álbum independente.

Lança o segundo disco: *O melhor que eu tenho*.

Grava o terceiro CD, *Compromisso*, e quebra as barreiras da música gospel com a faixa "Faz um milagre em mim", regravada em diferentes ritmos por artistas e grupos seculares e padres católicos, chegando ao topo das paradas de sucesso em rádios laicas de todo o Brasil.

2000 a 2003   **2004**   **2006**   **2008**

Grava o primeiro DVD: *Faz um milagre em mim – Ao vivo.*

Lança uma coletânea pela Som Livre: *O melhor de Regis Danese.*

Ganha o Troféu Talento em quatro categorias: cantor do ano, intérprete masculino, destaque de 2008 e música do ano.

É indicado para o Grammy Latino na categoria de melhor álbum cristão em português.

Vence o Prêmio Magníficos.

Nesse ano, nasce Brenda.

Lança seu quarto CD de músicas inéditas: *Família.*

Ganha o Prêmio de Música Digital na categoria música religiosa mais vendida, com "Faz um milagre em mim".

Concorreu ao Troféu Imprensa com "Faz um milagre em mim", como música do ano.

Começa a gravação de seu disco mais recente, intitulado *Tudo novo*, que foi lançado no final desse ano, e apresenta "Tu podes" como a música mais forte do álbum.

Brenda é diagnosticada com leucemia e inicia o tratamento.

Lança seu primeiro livro "Faz um milagre em mim".

2009   **2010**   **2011**   **2012**